El poder de
un saludo

Giovanni Cesare Pagazzi

El poder de
un saludo

Paulinas

Título original: *Cosa può un saluto?*

Traducido por: María Jesús García González.

Imagen de cubierta: Dev Benjamin.
Diseño de cubierta y maquetación: Alba Cosío Velasco.

© PAULINAS 2025
Carril del Conde, 62 - 28043 Madrid
Tel.: 91 721 89 84 - Fax: 91 759 02 04
E-mail: editorial@paulinas.es
www.paulinas.es

© Edizioni San Paolo, Cinisello Balsamo (Milán) 2024

ISBN: 978-84-19408-49-5
Depósito Legal: M-5435-2025

Impreso por Gar.Vi. 28970 Humanes (Madrid)
Printed in Spain. Impreso en España

*A don Donato Giacomelli,
primer maestro de alpinismo… y no solo de eso*

I

EL PODER DE UN GESTO COTIDIANO

Dice Agustín: «Camina por el hombre
y llegarás a Dios».
Es mejor andar por el camino,
aunque sea cojeando,
que caminar rápidamente fuera de camino.
Porque el que va cojeando por el camino,
aunque adelante poco,
se va acercando a la meta.

Tomás de Aquino,
Comentario al Evangelio de san Juan,
cap. 14, lec. 2

I

Saludar primero

Campiña en la Baja Lombardía, comienzos del otoño de 1897. Una joven trabajadora, hermosa y digna, ha terminado su jornada laboral en la fábrica textil. Bajo la luz del atardecer, dejando a sus espaldas el pueblecito donde está ubicada la fábrica, recorre un camino solitario que, flanqueado por labrantíos y acequias, la conducirá hasta una casita. Allí viven los suyos, junto con otras familias de campesinos. El tierno desarrollo de la escena se ve interrumpido por un hombre que, entre nervioso y desmañado, sigue a la joven a pasos apresurados. En su rostro no se reflejan malas intenciones, pero la combinación de factores hace pensar en lo peor. El hombre ha acelerado y casi ha alcanzado ya a la joven. En la soledad del campo, donde no hay vía de escape, la joven se detiene y, con una elegancia natural, se da la vuelta hacia su perseguidor y lo mira en silencio. También él la mira, incómodo, en silencio. Cuatro metros los separan. La tensión aumenta. Puede suceder cualquier cosa. Pero entonces del hombre salen estas palabras: «Me gustaría saber si puedo saludarte… Me gustaría al menos poder desearte una feliz tarde». Pidió permiso para saludar, aun siendo consciente de que ya la estaba saludando. Todo hacía pensar en un acto brusco, y sin embargo la verdadera brusquedad brota del gesto valeroso de quien se expone saludando primero, corriendo el riesgo de verse rechazado. La joven asiente y le devuelve las buenas tardes. Nada más. Ella retoma el camino hacia la casita y él hacia el pueblo. Pero aquel intercambio de saludos fue el comienzo de la relación que posteriormente les llevaría a su boda, el ascenso de una nueva estrella.

Solo un poeta como Ermanno Olmi podía haber ideado una escena tan delicada, que colocó al comienzo de su conmovedora película *El árbol de los zuecos* (1978). En esta película, la acción, que se desarrolla en bastante silencio, está en realidad acompañada por el lejano repique de una campana del pueblo. Se trata del Ave María, el toque de campana que indicaba el comienzo de la noche, la hora de regresar a casa, dirigido especialmente a los campesinos diseminados por los campos. Pero, ante todo, ese repique recordaba, una vez más –como habían hecho también al amanecer–, el saludo que el ángel Gabriel dirigió a otra joven, unos mil novecientos años antes, en un lugar del Medio Oriente. También aquel intruso se quedó callado, esperando una señal de complacencia (Lc 1,26-38). La escena del Evangelio es el trasfondo del encuentro de los dos jóvenes lombardos, como si en el saludo dado y recibido reverberara una Anunciación.

Casi a la misma distancia temporal de lo que aconteció en Nazaret y en la llanura padana, resplandece otro saludo. Nos encontramos en Florencia, a finales del siglo XIII. Durante una fiesta, un niño despierto y sensible ve por primera vez a una niña de su edad; queda cautivado por ella y su corazón comienza a arder. No se trata de un ardor pasajero; su corazón continuará ardiendo durante nueve años, hasta que su segundo encuentro con ella lo haga estallar. Han dejado ya de ser niños, ahora son jóvenes; adultos, según los estándares de la época. Están cerca por edad, pero los separa el severo sistema de normas que regulan incluso el más mínimo gesto entre un hombre y una mujer.

A esto se añade la marcada diferencia en su estatus social: mucho más elevado el de ella que el de él. Su encuentro se produce por casualidad, en la calle. La cercanía inesperada y la nueva situación de ambos cohíben al joven y lo llenan de temor. Pero entonces ella «vuelve sus ojos» hacia él y lo «saluda». Una atrevida iniciativa para una joven de esa época, y cargada de promesas. El joven se llena de felicidad. Desde ese momento comienza a llamar su «salud», «saludo», es decir, su «salvación», a aquella que le ha saludado, jugando con la evidente sinonimia en latín de los dos términos.

Dante Alighieri describirá ese momento en su poema *Vida Nueva*. Allí recordará el instante preciso en que sucedió, al igual que el evangelista Juan fijó el instante de su primer encuentro con Cristo, que sucedió casi a la misma hora (Jn 1,39). Dante escribe sobre Beatriz como si fuese el relato de una vocación; dice que iba vestida de un color «blanquísimo», como la indumentaria de Cristo en la Transfiguración y del ángel en la Resurrección (Mc 9,3; 16,5)[1]. El vínculo que se establece con el «dulcísimo saludo» de la joven es un tesoro que Dante quiere proteger de miradas indiscretas. Por eso inventa y difunde el rumor de que está interesado en otras dos mujeres. Su estratagema funciona a la perfección, hasta el punto de que llega a oídos de Beatriz,

---

1. DANTE ALIGHIERI, *Vita Nova* (ed. de L. C. Rossi), Mondadori, Milán 2022, 1, 12. (Ed. española: *Vida Nueva*, Montaner-Simón, Barcelona 1912, p. 64).

que reacciona negándole el saludo[2]. La narración da a entender que la relación entre los dos se limitaba al saludo, del que al mismo tiempo se alimentaba. La decisión de la joven sume al florentino en una amarga tristeza. Dante se encuentra débil, sin fuerzas, porque el saludo de la joven le llenaba de energía y de buenos deseos y le hacía recobrar «sus fuerzas»[3]. No se sabe durante cuánto tiempo se prolongó la confusión. En cualquier caso, la prematura muerte de la joven interrumpió bruscamente el intercambio de saludos. Al final de su *Vida Nueva,* Dante declara que no quiere decir nada más de Beatriz hasta que no haya herramientas lingüísticas para «hablar más dignamente de ella»[4]. Convencido de que la joven, ahora ya en el cielo, lo sabe, Dante estudia todo lo que puede para lograr dominar esas herramientas. Pide a Dios que le conceda los años necesarios para

---

2. Ib, 5, 2, p. 62.

3. Ib, 5, 7, p. 63.

4. Ib, 31, 2, p. 155.

conseguir «decir de ella lo que no fue dicho jamás de otra alguna»[5]. Este firme propósito lo consumirá durante el resto de su vida, y desembocará en la *Divina comedia*. Aquí el poeta dice haber sido salvado por Beatriz, quien descendió al Infierno por él. Es cierto que en la cima del Purgatorio le reprendió duramente por sus infidelidades, pero luego le acompañó con dulzura hasta el gozo de Dios y de todas sus criaturas. Si la hermosa joven florentina no hubiese saludado por primera vez a aquel tímido joven, no tendríamos al Dante Alighieri que todos conocemos hoy[6]. No tendríamos la *Divina comedia*. Esto nos hace preguntarnos: ¿qué puede hacer un saludo? ¿Qué poder tiene un saludo?

El Evangelio de Lucas está particularmente interesado en esta cuestión. Quién sabe lo que

---

5. Ib, 31, 2, p. 153-154.

6. El filósofo alemán H.-D. Bahr habla sobre las consecuencias que puede tener la ausencia del saludo en *Die Sprache des Gastes. Eine Metaethik*, Reclam, Leipzig 1994, pp. 147-148.

estaba haciendo María cuando el ángel Gabriel irrumpió en su vida. ¿Estaría organizando la casa? ¿Leyendo? ¿Rezando? ¿Estaría yendo a la fuente cercana para coger agua? En cualquier caso, el saludo del ángel «turbó» a la joven, que comenzó a hacerse preguntas. Lo que la turba y la inquieta no es la aparición de un ángel –esto no la trastoca en absoluto–, sino más bien su saludo (Lc 1,26-38). La inimaginable majestuosidad del mensaje de Gabriel deja sin palabras al lector, con el riesgo de relegar al fondo un detalle precioso: el primer acto del ángel, y por tanto de Dios mismo, es saludar. Dios se revela también como alguien que saluda… y que saluda el primero. En todo caso Gabriel, antes de llevar un mensaje, lleva un saludo.

Cuando saludamos a alguien lo reconocemos como un interlocutor digno de ser tenido en cuenta, considerándolo interesante, con la esperanza, al mismo tiempo, de resultar nosotros interesantes a sus ojos. Quien saluda primero pasa a depender de aquel a quien saluda:

¿nos devolverá el saludo o, indiferente y molesto, rechazará nuestro ofrecimiento? De todos modos, este gesto tiene un «antes» y un «después»; el que saluda ya no será nunca más el de antes. Y esto también puede aplicarse a Dios. Al dirigirle el saludo, Dios considera a la joven de Nazaret coprotagonista del acontecimiento, hasta tal punto que la continuación del encuentro está en sus manos. Esto se observa también en un detalle concreto: mientras que en la aparición a Zacarías el eje de la narración es, sin duda, el ángel, en el relato de María, Gabriel es el ayudante de la joven; toda la narración gira en torno a la fuerza gravitacional de la mujer[7]. En una de sus homilías, san Bernardo de Claraval pone en evidencia la fuerza dramática que vibra en el intervalo entre el saludo de Gabriel y la reacción de María: «Esperamos, oh, Señora, una palabra de misericordia [...] Todo el mundo está

---

7. Cf. M. COLERIDGE, *The Birth of the Lukan Narrative. Narrative Christology in Luke 1-2*, Sheffield Academic Press, Sheffield 1993, p. 53.

expectante, postrado a tus rodillas: de tus labios depende la consolación de los desgraciados, la redención de los cautivos, la liberación de los condenados, la salvación de todos los hijos de Adán, de todo el género humano [...] No tardes, Virgen María, en dar tu respuesta [...] Responde presto al ángel [...] ¿Por qué tardas? ¿Por qué temes?»[8].

Gabriel saluda usando el imperativo del verbo griego *chairein,* que significa «Alégrate». Se trata de un modo muy habitual y cotidiano de transmitir un saludo; es frecuente en la literatura griega y se usa también en el Nuevo Testamento. También Judas recurre a él, poco antes de besar a Jesús: «Salve, Maestro», literalmente: «Alégrate, Maestro» (Mt 26,49). Algunos expertos insisten en interpretar el «alégrate» dirigido a María a la luz de ciertas antiguas profecías, donde la invitación

---

8. BERNARDUS CLARAEUALLENSIS, *Homiliae super «Missus est» (In laudibus Uirginis Matris)*, s. 12 p.c., en J. LECLERCQ – H. M. ROCHAIS (edd.), *Bernardi opera*, 4, Editiones Cistercienses, Roma 1966, pp. 12-58.

a alegrarse estaba dirigida a Jerusalén, a quien se anunciaba la inminente liberación por parte de Dios (Sof 3,14; Zac 9,9; Lam 4,21)[9]. Por tanto, el ángel habría saludado a María como la Ciudad Santa visitada por fin por el Salvador. Aunque otros expertos invitan a ser prudentes[10], la coincidencia con esas profecías es sorprendente. Pero sorprende el argumento principal adoptado por quienes sostienen la interpretación profética: si no fuese así, el saludo de Gabriel sonaría más o menos como un «buenos días» o «buenas tardes», y resultaría «trivial» respecto a la relevancia de la Anunciación[11]. En resumen, lo que acontece

9. Así lo interpretan S. LYONNET, «*Chaire kecharitōmenē*», en *Biblica* 20 (1939), pp. 131-141; R. LAURENTIN, *Structure et théologie de Luc I-II*, Gabalda, París 1957, pp. 64-71, y L. LEGRAND, *L'annonce à Marie (Lc 1,26-38). Une apocalypse aux origines de l'Évangile*, Cerf, París 1981, pp. 273-276.

10. Cf. J. A. FITZMYER, *The Gospel According to Luke (I-X)*, Doubleday, Garden City – Nueva York 1981, pp. 344-345; E. BORGHI, *Gesu e nato a Betlemme? I vangeli dell'infanzia tra storia, fede e testimonianza*, Cittadella, Asís 2011, p. 43.

11. R. LAURENTIN, *Structure et théologie de Luc I-II, o.c.*, pp. 64-65; L. LEGRAND, *L'annonce à Marie (Lc 1,26-38), o.c.*, p. 274.

en Nazaret es demasiado importante para un común «buenos días», de modo que el saludo del ángel ha de tener un sentido más profundo, al menos profético, precisamente.

Pero ¿por qué lo que es habitual debería ser trivial? No cabe duda de que Jesús no comparte esta opinión. Porque al anunciar la presencia operante de Dios en la historia, el Reino de los Cielos, la descubre en la realidad más común y ordinaria de la vida: un hombre faenando en el campo o en el lago; una mujer que limpia la casa y amasa el pan; el mercado; las dificultades de un padre para educar a sus hijos; el viento, el sol y la lluvia; las hortalizas, higueras y vides, el trigo y la cizaña; las semillas que caen a tierra y mueren; las flores y sus elegantes vestidos; los pajarillos que no carecen de alimento[12]. Las parábolas no son ejemplos inventados por el Señor para explicar a inexpertos temas complicados de manera sencilla.

---

12. Cf. Mc 4,1-9; Mt 13,47-50; Lc 15,8-10; Mt 13,33.44-46; Lc 15,11-32; Jn 3,8; Mt 6,44-45;13,31-32; 24,32-36; Jn 15,1-17; Mt 13,24-30; Jn 12,24-25; Mt 6,25-34.

Sino que más bien manifiestan el modo en que Cristo ve el mundo. Su mirada no se fija, presuntuosa, en los acontecimientos comunes del mundo, como si fueran cosas bien conocidas y evidentes. Para revelar la poderosa bondad del Padre, no va «por detrás», «más allá», «en lo profundo», «por encima» de estas cosas ordinarias, sino que recorre paisajes ordinarios de la vida y del espíritu humano con la atención de quien vislumbra en ellos una auténtica Revelación de Dios. Por tanto, invita a «mirar» y a «observar» «las flores del campo» y los «pájaros del cielo» para ver «al Padre» misericordioso y poderoso (Mt 6,25-34); y pide que «aprendamos del ejemplo de la higuera» (Mt 24,32)[13].

Jesús reserva la misma atención a necesidades comunes como el hambre, la sed y el sueño, realidades comunes que consideramos demasiado sensibles y habituales como para que

13. Cf. G. C. Pagazzi, *In principio era il Legame. Sensi e bisogni per dire Gesu*, Cittadella, Asís 2004, pp. 55-93.

sean significativas. Pues bien, gran parte de la enseñanza del Salvador hace referencia precisamente a estas experiencias: muchas de sus parábolas tienen que ver con el hambre, la sed y el sueño[14]. Él participa en banquetes, invitado por buenos y malos[15], multiplica los panes para que los hambrientos tengan qué comer; cuando tiene sed, pide de beber; cuando está cansado, se queda dormido en la barca[16]. Habla de sí mismo como «el Pan», y pide que se coma su Cuerpo y se beba su Sangre; llama «su alimento» a la voluntad del Padre, promete «ríos de agua viva»; define la muerte como un sueño y la resurrección como un despertar tras el descanso nocturno[17]. Lo que solemos considerar banal, Cristo lo considera una

---

14. Mc 2,25-26; 4,26-29; 5,43; Mt 5,6; 11,19; 22,1-14; 25,31-46; Lc 12,12-14.35-48;15,17;16,19-31; 22,29-30.

15. Mc 14,3; Lc 7,36-50; 10,38-41; 11,37-39; 14,1-24.

16. Mc 6,30-34; 8,1-10; 4,35-41.

17. Jn 6,26-59; Mc 14,12-25; Jn 4,34; 7,38; Mc 5,39-43; Jn 11,11-16; cf. G. C. PAGAZZI, *In principio era il Legame*, *o.c.,* pp. 15-54; ID., *In pace mi corico. Il sonno e la fede*, San Paolo, Cinisello Balsamo 2021.

Revelación digna de ser recibida y anunciada, por la excelente razón de que lo que nos es común y nos une ha salido de las manos del Creador. El Hijo de Dios hecho hombre anuncia que el Creador tiene cosas que enseñarnos, darnos y decirnos precisamente gracias a lo que nuestra arrogancia y superficialidad consideran triviales.

En su primera Carta, Juan escribe: «El que no ama a su hermano, al que ve, no puede amar a Dios, al que no ve» (1Jn 4,20). Podríamos parafrasearlo, preguntándonos: ¿Cómo podemos descubrir a Dios, al que no vemos, si no somos capaces siquiera de apreciar las cosas comunes que sí vemos? Quizá incluso el sencillo «Buenos días» o «Buenas tardes» dirigido a María, visto con los ojos de Cristo, tiene mucho que decirnos sobre Dios, sobre la Iglesia, sobre toda la familia humana; más de lo que imaginamos o pensamos. Pintores y escultores se dieron cuenta de ello enseguida; y lo cierto es que el saludo del ángel a María y la espera de su respuesta es una de las escenas más representadas de toda la historia del arte.

Volvamos a Nazaret, ciudad que María abandonó apresuradamente para dirigirse hacia Judea, junto a su prima Isabel, embarazada de seis meses, a pesar de su avanzada edad. Una vez que llega a la casa de sus familiares, María hace a su prima el mismo gesto que ella misma ha recibido: «Saludó a Isabel» (Lc 1,40). Lucas se detiene en el detalle, no lo considera en absoluto trivial. Tanto es así que la acción de María, de por sí cotidiana, provoca en realidad una onda expansiva que el evangelista se complace en narrar: «Y dijo alzando la voz: "¡Bendita tú entre las mujeres y bendito el fruto de tu vientre! ¿Y cómo es que la madre de mi Señor viene a mí?"» (Lc 1,41-43). El saludo de la joven de Nazaret hace que todo el cuerpo de Isabel vibre, hasta llegar a su vientre, donde está Juan el Bautista. A su vez, el cuerpo del pequeño resuena, y el niño salta de alegría[18]. Y no solo eso: el saludo produce la irrupción del Espíritu Santo en la anciana, que se percata inmediatamente de que María está embarazada y la define como «madre de mi Señor». ¡No está mal, para tratarse de un gesto que se hace todos los días!

---

18. En las Sagradas Escrituras el verbo que se utiliza para indicar el sobresalto del niño suele expresar el salto lleno de vitalidad de los corderos y las ovejas; cf. R. E. BROWN, *La nascita del Messia secondo Matteo e Luca*, Cittadella, Asís 1981, p. 448 (ed. esp.: *El nacimiento del Mesías,* Cristiandad, Madrid 2021). Sobre el fenómeno de la «resonancia» puede leerse R. OTTONE, *La chiave del castello. L'interesse teologico dell'empatia di Gesu*, EDB, Bolonia 2019, pp. 397, 424-426, 482.

2

«Recuerdo tu sonrisa»

Los saludos se reciben desde los primeros días de la vida, cuando los padres –con el indudable protagonismo de la madre– hacen con el bebé el gesto inicial de todo saludo: mirar un rostro, acogerlo en el propio campo visual, reconociéndolo digno de atención[19]. Ese saludo también los convierte en padres[20]. Si nos fijamos bien, la acción de los dos adultos es bastante valiente, porque están mirando a alguien que todavía no puede devolverles la mirada y, por tanto, tampoco el saludo. Saludan a quien

19. E. Berne, *«Ciao!»... E poi? La psicologia del destino umano*, Bompiani, Florencia-Milán 2022, p. 12.

20. Esta es la deslumbrante visión de J. Ortega y Gasset en *El hombre y la gente,* Alianza, Madrid 2023.

no puede saludar. El saludo llega al niño desde fuera (de su madre y de su padre), antes incluso de que sea capaz de desearlo e imaginarlo. Como Dios, que llega hasta nosotros desde fuera, desde lo alto, lejos de nuestro alcance.

Los primeros saludos de los padres son también la experiencia inicial de la trascendencia. La bienvenida de la madre y del padre, generosa y aparentemente carente de sentido, se prolonga durante los primeros meses de vida del pequeño, al final de los cuales el niño podrá, por fin, intercambiar la mirada. Lo mismo ocurre con otro elemento constitutivo de todo saludo que se hace: la sonrisa. Porque el padre y la madre sonríen constantemente al niño, aunque este no pueda devolverles la sonrisa; y eso dura, al menos, varios meses. Gracias al valiente saludo inicial de los padres, el fuego pasa de una vela encendida a otra que todavía está apagada, iniciando así la combustión de un alma que por el momento está inerte, pero lista ya para encenderse. En realidad, al devolver la mirada y la sonrisa, saludando a su vez, el niño pronuncia, de manera completamente gestual, su primer «Yo soy» y su primer «Tú eres»[21]. ¿Qué habría sucedido si los padres no hubiesen saludado primero y no hubiesen seguido saludando «a fondo perdido»? O, mejor dicho, ¿qué no habría sucedido?[22]. El primer «Yo soy» y el primer «Tú eres» tiene lugar, como toda sonrisa, en torno a la boca, que es como decir la puerta del cuerpo, por donde entra el aire y, a continuación, la leche; en resumen: la vida. Vida y sonrisa habitan siempre

21. Sobre la estructura fundamentalmente mimética de los gestos, del conocimiento y de la identidad, cf. ARISTÓTELES, *Poética,* IV, 1 y, en especial, M. JOUSSE, *Le parlant, la parole et le souffle. Anthropologie du gest* III, Gallimard, París 1978, p. 31; M. MAUSS, *Teoria general della magia e altri scritti,* Einaudi, Turín 1965, pp. 373-375. J.-P. SONNET, *Generare e narrare,* Vita e Pensiero, Milán 2014, pp. 17-19 relaciona el rasgo exclusivamente humano de narrar con la mímesis. El filósofo belga Marc Richir considera que el primer intercambio de miradas entre la madre y el niño es lo que permite al niño acceder al «proto-yo»; cf. M. RICHIR, *Variations sur le sublime et le soi,* Millón, Grenoble 2010, pp. 36-47.

22. Las terribles consecuencias de un cuidado paterno inadecuado en las primeras etapas de la vida de un niño fueron ya denunciadas por J. BOWLBY, *Los cuidados maternos y la salud mental,* OMS, Monografías 2, 1968.

en la misma casa. El hombre no puede separar lo que ha unido Dios.

No es casualidad que uno de los poemas más emotivos del siglo XX italiano comience con «Recuerdo tu sonrisa»[23]. El primer verso de la poesía no dice «Recuerdo esa sonrisa» aludiendo a una acción mnemónica, sino «Recuerdo tu sonrisa», como si esa expresión facial fuese objeto de reflexión, tema de meditación concentrada, razonamiento y apreciación.

En resumen, la sonrisa hace pensar. Entre muchas otras cosas, con lógica poética, el texto de Eugenio Montale argumenta que la sonrisa es algo serio. En efecto, es una de las fuentes de la humanidad del hombre y el *abc* del saludo. Con el apoyo de Descartes puedo afirmar que «Yo soy» no porque «Yo pienso», sino porque desde el principio he sido saludado y he devuelto el saludo.

---

23. E. MONTALE, *Ossi di seppia*, Mondadori, Milán 2016, pp. 68-69.

Por eso el director de cine Robert Zemeckis, en la película *Náufrago* (2000), cuenta que la sonrisa es el gesto que caracteriza primordialmente la humanidad del hombre. Tras un accidente aéreo, Chuck Nolan, empleado de una famosa compañía de logística, se ve atrapado en una isla desierta, perdido en medio del océano. Sobrevive gracias a algunas provisiones y herramientas, recuperadas del avión, que el océano devuelve sobre la playa del islote. Entre esas cosas encuentra un balón de voleibol. Con su propia sangre delinea sobre el balón los rasgos de un rostro y dibuja en él una sonrisa. Desde ese momento el balón se convierte en Wilson y será el único interlocutor de Chuck durante sus cuatro años de soledad. Hace de él su confidente, y con él se pelea, se reconcilia, bromea; por él llora, destrozado por el dolor, cuando, al abandonar la isla en una balsa, Wilson cae al mar y la deriva hace inútil el peligroso intento por recuperarlo.

La sonrisa transforma un objeto en una persona. ¿Qué significa cuando está perpetuamente ausente de un rostro? ¿No es un pecado mortal apagar la sonrisa en el rostro de un hombre, de una mujer, de un niño?

La sonrisa que se recibe al comienzo de la vida y la que se intercambia siendo adultos manifiestan interés y deseo de paz. Aislado, el interés por alguien puede desencadenar violencia e injusticia. Con la sonrisa, si no es artificial ni falsa, el cuerpo invita al otro a desarmarse, porque él ha depuesto primero sus armas. En realidad, con la sonrisa se muestran las armas más poderosas y letales de los mamíferos: los dientes, la mordida mortal que atrapa, hiere, desgarra presas y enemigos. Los músculos más poderosos del cuerpo humano son los maseteros, protagonistas de la apertura y oclusión de la mandíbula. Artífices de la trituración, ejercen una fuerza de unos 100 kilos. Algunos dibujos de Francis Bacon transmiten de forma inquietante la violencia ávida y angustiada de boca y dientes. En la distensión de la sonrisa, se desactiva, por lo tanto, una energía potencialmente mortal y se entabla un acuerdo de paz. No se puede morder y sonreír al mismo tiempo. Es cierto que hay muchos tipos de sonrisa: «Puede ser convencional, soñadora, ausente, mezquina, nostálgica, sarcástica, disimulada, irónica, ingeniosa, magnánima o boba, serena o burlona, impersonal o espiritual, llena de amor o de desprecio, feroz o mordaz, lasciva o diabólica. En definitiva, hay tantas sonrisas como adjetivos en los diccionarios»[24]. En todo caso, cuando la sonrisa refleja el cariño inicial que se siente al comienzo de la vida «manifiesta el sincero placer de existir, el placer de que el otro exista»[25] y, por tanto, «es el intrépido adversario de la nada»[26].

---

24. C. DE BARTILLAT, *Il sorriso. Sorrisi di dei, sorrisi di uomini*, Angelo Colla, Costabissara 2009, p. 73; sobre la descripción de la sonrisa en el rostro melancólico del payaso Augusto, protagonista del relato de H. MILLER, *The smile at the foot of the ladder,* New Directions Books, Nueva York 1968, pp. 19-20 (Ed. esp.: *La sonrisa al pie de la escala*, Bruguera, Barcelona 1980).

25. C. DE BARTILLAT, *Il sorriso, o.c.,* p. 68.

26. Ib, p. 9.

Exceptuando el solemne saludo que los antiguos dirigen a Virgilio al pasar por el Limbo, en el Infierno de Dante ni se saluda ni se sonríe. Una vez llegado al Purgatorio, el florentino no vuelve solo «a ver nuevamente las estrellas», sino también los saludos y las sonrisas. En lo referente a la bienvenida entre él y el músico Casella[27], o la despedida, repleta de nostalgia y esperanza, de Forese Donati a su amigo Dante, que debe todavía concluir su vida terrenal, antes de su siguiente y cercano encuentro: «¿Cuándo de nuevo nos veremos, cuándo?»[28]. En el recogimiento austero y penitente del Purgatorio, junto a los saludos comienza a germinar alguna sonrisa; como aquella sonrisa irónica de Alighieri cuando reconoce a su amigo Belacqua por su acostumbrada pereza[29]. Si en el monte de la penitencia la sonrisa despunta, en el Paraíso

---

27. DANTE ALIGHIERI, *La Divina Comedia*, *Purgatorio* II, 76-89, Peuser, Buenos Aires 1897², p. 304.

28. *Ib, Purgatorio* XXIV, 74-78, p. 436.

29. *Ib, Purgatorio*, IV, 108-126, pp. 317-318.

se expande por toda la geografía celestial. Junto con la luz, la sonrisa es la característica principal del Paraíso, según Dante. Allí todo y todos sonríen: desde el comienzo sonríe Beatriz, y seguirá sonriendo durante todo el canto. Cuanto más se acerca a Dios, más irresistible e indescriptible se vuelve la sonrisa de la mujer[30]. La sonrisa será su despedida de Dante[31]. Y pensar que todo había comenzado precisamente con su saludo, en una calle de Florencia... En el Paraíso sonríen los santos y las santas, los planetas y los cielos, el universo entero[32]. El Dios de Dante se parece a una madre que ilumina la primera sonrisa de su criatura y consigue hacerla sonreír de nuevo, incluso después del doloroso llanto de la muerte. ¡Qué poder!

Algunos estudiosos afirman que también otros componentes del saludo –el beso (con los labios o con la lengua) y el estrechar la

---

30. *Ib, Paraíso*, XXIII, 46-63, pp. 674-675.

31. *Ib, Paraíso*, XXXI, 72, p. 724.

32. *Ib, Paraíso*, XXVII, 1-6, p. 697.

mano– forman parte de la gestualidad infantil. Porque el beso tiene un origen alimentario. Antiguamente, durante el destete, la madre premasticaba el alimento para facilitar al pequeño la ingesta y la digestión. A través de la lengua y de los labios, la mujer pasaba directamente a la boca del niño el alimento que previamente había triturado. Y el beso en las mejillas, acompañado del movimiento lateral de la cabeza, evoca el gesto que hace el lactante cuando busca el seno materno. Por último, el acto de estrechar la mano evoca la mano tendida del padre y de la madre cuando sostienen al niño en sus primeros pasos vacilantes y le demuestran cercanía y afecto cuando, un poco más crecido, lo acompañan «de la mano»[33]. De

---

33. Puede verse el notable estudio de F. Peserico, *Filosofia del saluto*, Aracne, Canterano 2020, pp. 52-53. Según Desmon Morris, no es del todo sostenible la idea, tan difundida, de que saludar levantando la mano o darse la mano es una señal de ir desarmado: podría ser válida en contextos específicos, pero está demasiado extendida como para ser aplicable en todos los casos: cf. D. Morris, *L'uomo e i suoi gesti. L'osservazione del comportamento umano*, Mondadori, Milán 1992, p. 80.

modo que muchos de los elementos comunes a todo saludo reflejan las promesas de afecto fiel que hacen los padres, el hogar y las cosas a cada niño y niña al comienzo de su vida[34]. Los gestos de saludo pueden verse como una inmersión cotidiana, repetida varias veces al día, en las promesas que se han recibido durante la infancia: un estímulo y un compromiso mutuos para garantizar que esas promesas se cumplan.

---

34. Sobre el hogar de la infancia como un lugar donde las personas y las cosas se presentan al niño como dignas de confianza y suscitan en él un sentimiento de confianza, puede verse G. C. PAGAZZI, *Sentirsi a casa. Abitare il mondo da figli*, EDB, Bolonia 2010, pp. 31-38; 47-49; ID, *Fatte a mano. L'affetto di Cristo per le cose*, EDB, Bolonia 2013, pp. 32-36.

3
¡Qué valor!

El saludo es el don inicial de uno mismo, la entrada en la vida de otro. Adquirimos credibilidad ante nuestro interlocutor a través de gestos primordiales (la mirada, la sonrisa, la mano tendida...), fomentando el recuerdo de una infancia común. Y de este modo se revive una familiaridad que precede a toda iniciativa consciente. Es como si estuviéramos diciendo: no nos conocemos, pero hablamos el mismo idioma o, más bien, como diría Marcel Jousse, la misma «corporalidad»[35], aprendida en los

---

35. M. JOUSSE, *L'antropologie du geste,* Gallimard, París 2008; ID., *Le parlant, la parole et le soufflé, o.c.,* p. 96, e ID., *Dal mimismo alla musica nel bambino,* en A. COLIMBERTI (ed.), *Ecologia della musica. Saggi sul pensiero sonoro,* Donzelli, Roma 2004, pp. 5-14.

inicios de nuestra vida. El saludo nos precede a los dos, y, por ello, nos une. Cuando nos saludamos *nos encontramos en el saludo,* y por eso somos capaces de saludar[36]. Esto se hace todavía más evidente cuando nos encontramos con personas de lenguas y culturas diferentes, caracterizadas también por claras diferencias gestuales a la hora de saludar: no entendemos las palabras que dice el otro y quizá nos asombramos de sus extraños gestos, pero cada uno intuimos cuándo el otro nos está saludando.

Nos saludamos porque percibimos que hay algo que nos une y de cara al posible desarrollo de lo que ya ha quedado atrás. En realidad, quien saluda está sondeando la posibilidad de iniciar una relación, ya sea esta momentánea o duradera. Si este interés e intención estuvieran ausentes, quizá el simple «Buenos días» sería una *sandez.* Quien saluda primero, sobre todo

---

36. J. Ortega y Gasset utiliza el «antecedente» del saludo para explicar el *ethos* común, la costumbre, la gente, la sociedad y el estado; cf. J. ORTEGA Y GASSET *El hombre y la gente, o.c.*

en un encuentro inesperado o en el intento de arreglar una relación, se expone a la variedad de reacciones de quien recibe el saludo, y asume el riesgo de ser rechazado, a veces con gentileza. Qué valor debió tener aquel joven lombardo persiguiendo a la trabajadora de la fábrica con la única intención de decirle «buenas tardes». Un observador externo habría podido confundir su gesto, y la propia joven también. ¿Y si, una vez aclaradas las circunstancias, la joven hubiese cortado por lo sano, cerrando la puerta a toda posible relación? Qué vergüenza, qué decepción. Pero el campesino no fue a lo seguro, sino que se lanzó a la aventura, emprendiendo ese camino en el campo. Saludar primero es una manifestación primigenia y cotidiana de valor, que es «el comienzo de todo»[37]. El valor es un impulso primario y

37. V. JANKÉLÉVITCH, *Les vertus et l'amour. Traité des vertus* II, volume 1, Flammarion, París 1986, p. 89. Todo este ensayo es una obra magistral; puede verse también ID., *L'avventura, la noia, la serieta*, Marietti – Lampi di stampa, Turín-Milán 2022, pp. 14-20.

fundador sobre el que se apoya la fidelidad, es decir, la virtud de la continuación[38]. Sin valor no es posible ninguna acción, ninguna relación, ninguna fidelidad.

Entre los desafíos más complejos y emocionantes de un niño está la primera vez que monta en bicicleta sin el apoyo tranquilizador de los ruedines. Estos, junto con las dos ruedas principales, garantizan cuatro puntos de apoyo y completa estabilidad, pero hacen que el vehículo se parezca más al infantil e incómodo triciclo que a la elegante y esbelta bicicleta. Antes de pedalear sobre dos ruedas suele ser conveniente un paso intermedio: mantener al menos uno de los ruedines posteriores. De este modo, el niño puede probar el equilibrio inestable de la bici y, en caso necesario, contar con un tercer y cómodo apoyo. Pero antes o después llega el momento de desprenderse también de esta última seguridad. Sin duda, las fases precedentes han preparado al niño para

38. V. Jankélévitch, *Les vertus et l'amour, o.c.,* p. 89.

este momento, pero montar sobre dos ruedas es una experiencia de otro nivel: es algo totalmente diferente. Se requieren muchas acciones: pedalear, controlar el manillar y los frenos, mirar hacia delante, observar el estado de la carretera, evitar obstáculos de todo tipo y, naturalmente, mantener el equilibrio. Y hay que hacerlo todo a la vez.

Además de todo esto, el niño que coge por primera vez la bici tiene que aguantar las sacrosantas recomendaciones de sus padres: «¡Estate atento!», «¡No vayas rápido!», «¡Pedalea!», «¡Mira por dónde vas!», «¡Levanta la cabeza!», «¡No mires hacia abajo!», «¡Acelera!», «¡Frena!», «¡No frenes!». Se le quitan a uno las ganas de montar en bici. A todo esto, se añade el comprensible miedo a caerse. El miedo conduce a una excesiva prudencia, a veces sostenida por pensamientos demasiado susceptibles. Si el niño organizase mentalmente todas las acciones que tiene que hacer, enumerándolas y clasificándolas en un orden específico, se asustaría aún más.

Si quisiera prever todo movimiento y el conjunto de variables de un acto tan complejo como ese, pospondría el primer pedaleo hasta el infinito, hasta el día imposible en que lo tuviera todo bajo control. Si quisiera tener la certeza de lograrlo antes de actuar, no actuaría nunca. En este caso, de nada sirve la insistencia de los padres sobre lo fácil que es. Es inútil también una demostración física razonada del efecto giroscópico, que garantiza el equilibrio de la bici. El niño se queda bloqueado; y ni sus razonamientos ni los de ningún otro son capaces de convencerle. Sin embargo, no hay nadie que pueda hacerlo por él; el niño se encuentra ante su propia e insustituible unicidad: le corresponde hacerlo a él, no a ningún otro.

¿Qué transforma su deseo de montar por primera vez en bici en un recorrido real? ¿Quién edifica un puente sin pilares sobre el oscuro vacío del miedo, la indecisión y las excusas cobardes? La valentía. Se afirma y se impone, no se sabe cómo, no se sabe de dónde, ese «no sé qué», el *fiat lux* del valor, de la valentía. En el caos del alma, inmóvil aunque agitada por vacilaciones y excusas, irrumpe de manera cortante, drástica e ineludible una decisión primera que, protestando contra la inercia de una consciencia demasiado alerta, demasiado despierta, calculadora y previsora, crea algo nuevo. Como no le gustan las florituras (ni mentales ni emocionales), el valor va directamente al grano; observa lo necesario y evita lo que disipa la fuerza de impacto de esa decisión primera[39]. Por eso el valor se parece a la pobreza, a la virtud que ve en lo superfluo una indecente pérdida de tiempo y de energía. «Dichosos los pobres de espíritu…» porque en general tienen valor de sobra. ¿No será que, bien mirado, debajo de quien acumula hay una persona sin valentía?

Impulsado por el deseo de lograrlo y por el hecho de estar dispuesto a caer y romperse lo huesos, el niño enciende el fuego sagrado, mucho más misterioso que la química que lo

---

39. Son conmovedoras las páginas de JANKÉLÉVITCH: *ib.,* pp. 110-115.

ha producido. El valor no le transforma en un aventurero imprudente que juega con el miedo y con la muerte para fingir ser algo que no es o para darse un subidón de adrenalina. En todo caso le vuelve audaz: le convierte en alguien que arriesga su vida en nombre de la vida[40]. Y ahí está el comienzo, la inauguración de una nueva etapa en la vida del pequeño. Hay un antes y un después del primer pedaleo. Como el antes y el después de la creación de la luz.

La bicicleta es una cosa curiosa: paradójicamente, su estabilidad se obtiene a través del movimiento. Cuanto más pedaleas y te mueves, mayor estabilidad, mayor equilibrio consigues; mientras que, si te quedas quieto, te caes. Así que tras la primera pedalada tiene que ir la segunda, la tercera, la cuarta, etc. El movimiento es regular, un círculo perfecto que va trazando cada pie, pero montar en bici requiere una constante adaptación a las

---

40. Cf. C. FLEURY, *La fin du courage*, Fayard, París 2010, pp. 18, 48-49.

irregularidades del asfalto, a los peatones y coches que se cruzan de golpe, a la sucesión de curvas, rectas y contracurvas (la mejor manera de andar fuera del camino es ir siempre en línea recta). Esto significa que, para ser fiel a la primera pedalada, se requieren una larga serie de nuevos pequeños comienzos de valentía.

Vladimir Jankélévitch diría: «La valentía no es solo el espasmo de la primera decisión, sino un estado»[41], la paciente y fiel continuación del primer pedaleo. Si un acto de valentía no crease a un valiente, sería tan solo un caso fortuito, un episodio accidental. La valentía es tan milagrosa que exige fidelidad. Por lo demás, ya se sabe: para permanecer fiel hay que ser valiente.

Seguramente el campesino lombardo que perseguía a la joven no tenía una bicicleta ni sabía pedalear. En esa época solo los más ricos podían permitirse una bici. Pero sí era valiente: no dio excusas, no se puso a hacer cálculos, no se enredó en interminables listas de pros y

---

41. V. JANKÉLÉVITCH, *Les vertus et l'amour, o.c.*

contras, sino que se lanzó al vacío, resolviendo todos los posibles problemas en aquel saludo, *saludando*[42]. Quien saluda el primero no dosifica, sino que entrega el todo por el todo con magnanimidad. En este sentido el primer saludo tiene también una dimensión sacrificial más allá de la dimensión creativa: para dar comienzo a algo nuevo no hay que reparar en gastos[43]. Con palabras crudas y magníficas, Jankélévitch afirma que «el diablo no puede hacer daño, pero puede atemorizar. El diablo muere por nuestra inocencia y nuestra valentía»[44]. Nos mete miedo para debilitar nuestra valentía. Puede que quiera que seamos temerarios, imprudentes, pero no valientes, porque en la valentía resplandece la imagen y semejanza de Dios; como en el gesto absurdo de los padres que miran sin cesar al recién nacido que no

---

42. Acto que podría interpretarse a la luz de «acciones *realizativas* en las que decir algo y hacer algo», cuestión que se trata en J. L. Austin, *Cómo hacer cosas con palabras,* Paidós, Buenos Aires 1971, pp. 40-41.

43. V. Jankélévitch, *Les vertus et l'amour, o.c.,* p. 113.

44. *Ib.,* p. 138.

mira, que sonríen al pequeño que no sonríe, o como en la pedalada inicial del niño, o en el desequilibrio del primer saludo.

Pues Dios es Valiente, porque *desde siempre,* en su libertad, ha decidido existir, exponiéndose en las enormes e inertes tinieblas de la nada. Si de verdad Dios es infinitamente libre –afirma con un toque emocionado y místico el filósofo italiano Luigi Pareyson–, paradójicamente, habría podido decidir incluso no existir y permanecer en la confusión estática de la nada, donde todo es posible, pero nada adquiere forma. Sin embargo, *desde siempre,* con un destello repentino, y a pesar de poder negarse a sí misma, la libertad de Dios se afirma con audacia: «Yo soy», «una operación enorme y terrible»[45], el primer acto de valentía

---

45. L. Pareyson, *Filosofia della liberta*, Il Melangolo, Génova 1990, p. 27; en el ensayo dedicado a la valentía, también Paul Tillich lo interpreta como una característica ontológica original, porque la valentía es, ante todo, «valentía de ser», una autoafirmación de la libertad; esto es válido para el ser en general (finito e infinito) y para el hombre: P. Tillich, *The courage to be,* Yale University Press, Nueva York 1980 (Ed. esp.: *El coraje de ser,* Avarigani, Madrid 2018).

que se levanta contra la cobardía informe y estéril de la nada. Desde esa decisión originaria y eterna consigue que existir sea algo bueno. Porque, desde siempre, Dios quería ser Padre, dar la vida a otro, al Hijo, por medio del cual «fueron creadas todas las cosas» (Col 1,16). «Al principio estaba la valentía», y nada ni nadie habría sucedido sin ella. Una roca, una hoja, un lobo, un delfín, una estrella, el viento, un hombre y una mujer, un niño son señales de la eterna valentía de Dios.

Quien saluda primero es valiente, porque no teme pasar a depender de su interlocutor: ¿me responderá? ¿me rechazará? Además, es valiente porque no se avergüenza de mostrarse necesitado. Porque no disimula su propia necesidad de reconocimiento y confirmación, sino que lo manifiesta sin miedo. En el saludo se refleja tanto la generosidad de quien se ofrece como su necesidad de ser aceptado. Asimismo, el necesitado manifiesta al mismo tiempo su propia escasez y la bondad de cuanto le ocurre; precisamente como el hambre, que dice a la vez: «mi estómago está vacío» y «el pan es bueno».

Quien saluda primero se expone al otro y al mismo tiempo se impone ante él. Porque el primer saludo es una intrusión que estremece el estado afectivo, el flujo de los pensamientos, el ritmo de las intenciones o, más sencillamente, la acción del otro. La hermosa trabajadora de la fábrica tuvo que interrumpir su camino a casa ante el saludo del joven que iba tras ella. De igual modo, María «se turbó» ante las primeras palabras de Gabriel. Quien responde al saludo tampoco carece de valentía, porque acepta salir de la envoltura homeostática del instante vivido y adoptar una postura nueva. Quien reacciona al saludo se incomoda, en el sentido literal del término: sale de la comodidad de su propia experiencia[46]. Esto ocurriría también aunque decidiera no responder al «Buenos

---

46. En el ritual de todo saludo hay siempre un momento «incómodo», que a veces se hace patente en los gestos, como tocarse el pelo, levantarse... Cf. D. MORRIS, *L'uomo e i suoi gesti, o.c.,* p. 79.

días» y seguir directamente por su camino; en cualquier caso, el encanto de su estado de ánimo se rompe y debe recoger los pedazos. Si quien saluda primero tiene el valor de tomar la iniciativa, quien responde tiene el valor de dejarse alterar. Ninguno de los dos será ya como antes. En definitiva, al *fiat lux* del primer saludo corresponde el *fiat voluntas tua* de quien responde. Es difícil que no ocurra algo milagroso en el encuentro de estos dos *fiat*.

Vivimos en una época en la que se saluda menos; hay quien dice que es por el Covid. Son pocos los que saludan por la calle, en el tren, en la oficina… incluso al entrar o salir de una iglesia. También es poco frecuente el mero ademán de una sonrisa, o el intercambio de miradas. ¿Es un tiempo de desánimo? ¡Ánimo, valor!

4
Goodbye

En el primer encuentro los saludos dan comienzo a un vínculo nuevo. En el caso de una relación ya establecida, los saludos tienen, sobre todo, la función de confirmar dicha relación, por medio de un «debido gesto» recíproco, proporcionado al tiempo de separarse de aquel con el que nos encontramos[47]. Cuanto más prolongada haya sido la lejanía, más caluroso será el saludo, como si quisiera recuperar el tiempo perdido. Es emblemática la necesidad de saludar de los niños: saludan con mucha más frecuencia que los adultos, a veces solo con la sonrisa. Y esto se debe a

---

47. *Ib.,* pp. 9-10.

la necesidad de una constante confirmación del cariño de sus padres y de las personas que cuidan de ellos. En todas las edades, la incierta reanudación de los saludos después de una discusión asegura la pervivencia de la relación, a pesar del desencuentro que ha tenido lugar. En cambio, retirar el saludo equivale a una decisión firme y seria de romper definitivamente una relación, privándola por adelantado de la más simple posibilidad de restablecimiento.

¿Por qué a través de la repetición del saludo sentimos la necesidad de confirmar vínculos ya establecidos, e incluso íntimos? No creo que se trate tan solo de una búsqueda general de seguridad. Más bien es el sello del reconocimiento inconsciente de la novedad que tiene lugar cada día de la vida. Es cierto que la mujer a la que esta noche diré «Hola, bienvenida» es la misma mujer a la que mañana diré «Que pases buen día» cuando salga de casa; y es la misma con la que me casé hace diez años. Y, sin embargo, las horas de vida que han pasado desde el saludo matutino han generado en ella un aspecto nuevo, un nuevo matiz, debido a las experiencias que ha tenido durante el día. Pues bien, esta mujer, conocida y desconocida, ¿está dispuesta todavía a vivir conmigo? De ahí que el nuevo saludo confirme la posibilidad de que continúe el antiguo vínculo, que ahora se ha visto dotado de tonalidades imprevistas. Por eso también los saludos típicos de una relación duradera inauguran siempre algo nuevo. Son los centinelas de la novedad y sus custodios.

Los saludos confirman el vínculo sobre todo en el momento de la despedida, y se vuelven particularmente calurosos, como si quisieran compensar por la lejanía, por el vacío de la ausencia. Permiten que se mantenga el vínculo a pesar de la separación. Es indicativo de ello lo especial que es la despedida diaria de los padres y sus hijos a la hora de irse a la cama por la noche. La oscuridad, la pérdida de control típica del sueño hacen que la separación nocturna sea aterradora a los ojos de los pequeños.

Temiendo que la noche interrumpa su vínculo con su padre y su madre, piden un saludo más largo y eficaz. De ahí las interminables «Buenas noches», que incluyen canciones de cuna y lectura de cuentos de hadas que han escuchado ya no se sabe cuántas veces[48]. El «buenos días» de la mañana siguiente restablecerá la oscura separación de la noche, manteniendo la promesa que se hizo antes de conciliar el sueño.

Previendo de manera realista que un encuentro será el último, la despedida se convierte prácticamente en definitiva. En este caso, al menos en lenguas neolatinas, el saludo hace una referencia concreta a Dios, como si él fuese el Señor de los encuentros y de su destino; como si la permanencia de una relación, a pesar de la separación definitiva, estuviese garantizada por Dios, de quien se esperaría que preparase el lugar para un esperado e

---

48. Sobre los rituales de antes de irse a dormir, remito a C. Pagazzi, *In pace mi corico, o.c.,* pp. 98-103.

inimaginable encuentro futuro. De ahí: *Ad-Dio, A-Dieu, A-Diós*[49]. En despedidas temporales también suele mencionarse e invocarse a Dios. Solo unos ejemplos de un fenómeno lingüístico muy difundido en todo el mundo: «Dios te bendiga», *God bless you;* también en la despedida más difundida: *Goodbye* y sus abreviaciones *Bye bye, Bye,* derivadas del inglés antiguo y medio *God by ye:* «Dios sea contigo». Lo mismo ocurre en la lengua moore del pueblo mossi, en Burkina Faso: *Wẽd na maneg f sore:* «Dios bendiga tu camino». Dios está también presente en algunos saludos iniciales; por dar solo un par de ejemplos: el gaélico *Dia Dut,* «Dios esté contigo» o el alemán

---

49. Es muy profunda la reflexión sobre la palabra «adiós» que hizo Jacques Derrida con motivo del fallecimiento de su colega y amigo Emmanuel Lévinas. El texto, de gran densidad y complejidad y, por tanto, fácilmente malinterpretado, es en realidad un intento de elaborar una ontología de la libertad de Dios, que no está muy lejos de las de Pareyson y Tillich que hemos mencionado anteriormente; cf. J. DERRIDA, *Addio a Emmanuel Levinas*, Jaca Book, Milán 2021, p. 174 (ed. esp.: *Adiós a Emmanuel Lévinas,* Trotta, Madrid 1998).

Grüß Gott, «Dios te bendiga, Dios te saluda». En definitiva, parece que lo que tiene lugar durante los saludos está tan repleto de sentido que conviene hacer partícipe a Dios. ¿O es que está repleto de sentido porque, de manera encubierta, Dios ya participa en ello?

Si al saludar estamos esperando reciprocidad y confirmación, la visita a los difuntos para despedirnos de ellos es una de las paradojas humanas más elocuentes[50]. ¿Por qué vamos a despedirnos de alguien que es evidente que no va a contestar? ¿Por qué visitamos, besamos y acariciamos a quien no podrá jamás devolvernos el saludo? ¿Por qué, aunque tengamos la absoluta certeza de que los muertos no pueden correspondernos, hacemos ese tipo de gestos? ¿Locura? ¿O valentía? Es la misma valentía que tuvieron nuestros padres cuando nos saludaron recién nacidos, aun sabiendo que no

---

50. Sobre ello ha escrito unas profundas páginas Massimo Giuliani en P. DE BENEDETTI – M. GIULIANI, *Portare il saluto. I significati dello* shalom, Morcelliana, Brescia 2012, pp. 47-57.

iban a obtener respuesta. La misma valentía que demostramos nosotros cuando, ya adultos, saludamos a los recién nacidos, todavía incapaces de mirarnos y de sonreírnos. ¿De dónde procede esta decisión que rompe con las pretenciosas dilaciones de la lógica y del sentido común? La vida de un hombre y de una mujer se desarrolla entre dos saludos imposibles: el que recibimos nada más nacer y el que recibimos nada más morir.

Estos dos dones se transforman para nosotros en el deber de dar, a su vez, la bienvenida a quien nace y en el compromiso por despedirnos de quien muere. El saludo al comienzo de la vida y el saludo al final de la vida se parecen demasiado como para no estar emparentados: si en el adiós al difunto se refleja la misma valentía que alentó las miradas y las sonrisas dirigidas al niño, ¿qué esperamos de este difunto?, ¿qué esperamos para este difunto? Indudablemente, Cristo espera mucho de los muertos y por los muertos, hasta tal punto que les dirige palabras, como si pudieran oír, y les da órdenes como si pudieran obedecer. Esto es lo que hace con la niña fallecida –«Muchacha, yo te digo: ¡Levántate!» (Mc 5,41)–, con el hijo de la viuda –«Joven, yo te lo mando: Levántate» (Lc 7,15)–, con su amigo –«¡Lázaro, sal fuera!» (Jn 11,43)–. Los humanos no nos damos cuenta de la valentía que demostramos al saludar a los muertos; de la esperanza que tenemos al despedirnos de los muertos; somos como padres que dicen «buenas noches» a sus hijos. Al saludar a los muertos, ponemos nuestro corazón más allá de la noche, más allá de la muerte. Este gesto es tan importante que en todas las culturas y en todas las épocas se encuentran ritos de despedida para los muertos; incluso en ámbitos no religiosos y hasta anti-religiosos.

El rito cristiano de las exequias es muy explícito. Al final de la celebración de la misa, se vive el momento denominado «Última recomendación y despedida», donde se dan ánimos a la asamblea y se saluda al difunto:

Vamos ahora a cumplir con nuestro deber de
dar sepultura al cuerpo de nuestro hermano
(nuestra hermana);
y, fieles a la costumbre cristiana,
lo haremos pidiendo con fe a Dios,
para quien toda criatura vive,
que admita su alma entre sus santos
y que, a este su cuerpo
que hoy enterramos en debilidad,
lo resucite un día lleno de vida y gloria.
Que, en el momento del juicio,
use de misericordia
para con nuestro hermano (nuestra hermana),
para que, libre de la muerte,
absuelto (absuelta) de sus culpas,
reconciliado (reconciliada) con el Padre,
llevado (llevada) sobre los hombros
del Buen Pastor
y agregado (agregada)
al séquito del Rey eterno,
disfrute para siempre de la gloria eterna
y de la compañía de los santos[51].

---

51. Conferencia Episcopal Española, *Ritual de Exequias,*
Libros Litúrgicos, Madrid 2023, p. 86.

O bien:

Ha llegado el momento de dar el último adiós
a nuestro hermano (nuestra hermana),
cuando su cuerpo desaparece de nuestra mirada
y hemos de separarnos de él (ella).
Se trata de un momento de intensa tristeza,
pero también lo debe ser de firme esperanza,
pues confiamos que este rostro amado,
que ahora va a desaparecer de nuestros ojos,
lo volveremos a contemplar, transformado,
cuando Dios, al fin de los tiempos,
nos reúna de nuevo en su reino.
Con esta esperanza, oremos, pues,
ahora unos momentos en silencio,
recordando lo que con él (ella)
vivimos en este mundo,
lo que él (ella) representó para nosotros,
lo que él (ella) fue y es ante Dios[52].

Estas dos invitaciones a la oración aúnan los sentimientos, las palabras y los gestos típicos de la despedida: «sufrimiento», «tristeza»,

---

52. CONFERENCIA EPISCOPAL ESPAÑOLA, *Ritual de Exequias*, Libros Litúrgicos, Madrid 2023, p. 86.

«separación» definitiva (se trata de un «último» saludo), «amistad», «adiós». En el último saludo cristiano, lo que se espera en general del «a-Diós» adquiere una forma concreta: gracias a la victoria de Cristo volveremos a encontrarnos, sin lugar a dudas, en el reino de los cielos; nos abrazaremos de nuevo; y disfrutaremos también entonces de la alegría de la amistad y de todo vínculo. Quién habría dicho que en un saludo podría reflejarse este poderoso y consolador Evangelio.

5
Deseos y felicitaciones

Los saludos dan comienzo a una relación, confirman un vínculo, señalan la novedad en una relación estable y desean siempre algo. Cuando decimos «Buenos días», deseamos que nuestro interlocutor viva horas serenas y fructíferas. Al despedirnos con un «Hasta luego», deseamos un próximo encuentro. El deseo que fomenta los saludos es evidente en algunas lenguas, donde, en fórmulas de bienvenida y despedida, aparece explícito el verbo «desear», como el inglés *to wish,* el alemán *wünsche,* el italiano *desiderare* y el portugués *desejar.* ¿Qué se le desea al otro cuando le saludamos? Sobre todo, la vida. Esto está custodiado por el nombre mismo de la acción, es decir, «saludar», querer que el otro tenga «salud» y disfrute de una vida plena. Así, el inglés *Hallo, Hello, Hi* y el alemán *Hallo* derivan de una raíz germánica que significa «estar bien», «tener salud». También el chino mandarín *Nǐ hǎo*, el ruso *Zdrastvujt'e,* aluden al vigor y a la prosperidad. Por no hablar del hebreo *shalom* y del árabe *salam,* que proceden de una misma raíz semítica que significa «en buena salud», «íntegro», «protegido», «feliz»[53].

En italiano, en lugar del verbo *desiderare* («desear») se emplea *augurare* («auspiciar», «presagiar») («Buenos días»: «Te auspicio un buen día»), lo que confiere al saludo un matiz particular. Porque «augurare» en italiano deriva del latín *augure,* augur, que, entre etruscos y romanos, era el sacerdote especializado en predecir el futuro a través de la interpretación de los sueños, el vuelo de las aves, el modo de

53. Cf. F. J. Stendbach, שלום *šālom*, en G. Botterweck – H.-J. Fabry – H. Ringgren, *Grande Lessico dell'Antico Testamento* VIII, Paideia, Brescia 2009, pp. 318-359, 318-326.

picotear de las gallinas y otros fenómenos naturales. A su vez, el término *augure* proviene del verbo *augere,* que significa «aumentar», «favorecer el crecimiento»[54]. Al manifestar que presentía un buen resultado, el antiguo sacerdote alentaba a quien debía acometer una tarea y «aumentaba» con ello su confianza. La profecía del *augur*, es decir, el augurio, intuía y revelaba una potencialidad que quien recibía el anuncio no creía, o negaba poseer, o tenía adormecida. Por eso la predicción propiciaba, o acrecentaba, la fuerza de quien debía afrontar una situación. De modo que el saludo en forma de augurio, más que manifestar un deseo, profetiza una victoria: «Buenos días»: «Estoy convencido de que vas a afrontar bien este día»; «Buenas tardes»: «No hay duda de que apreciarás el dulce, sereno, nostálgico y especial momento del atardecer»; «Buenas noches»: «Estoy seguro de que atravesarás con

---

54. Cf. M. CORTELLAZZO – P. ZOLLI, *Dizionario etimologico della lingua italiana* 1 / A-C, Zanichelli, Bolonia 1998, p. 89.

confianza los terrores de la oscuridad». En definitiva, el saludo reconoce un *poder* en el otro: «¡Tú puedes! ¡Lo conseguirás! No pongas excusas, no tengas dudas». Es un estímulo para actuar.

Junto a lo que hemos observado ya, este aspecto del saludo nos remite también a los primeros momentos de la vida, cuando los padres, mirando al niño recién nacido, que todavía permanece con los ojos cerrados o con la mirada perdida, le dicen: «*Puedes* devolvernos la mirada»; antes o después el pequeño les mirará a los ojos. Al sonreírle, aunque su rostro sea prácticamente inexpresivo, es como si le estuvieran diciendo: «¡Tú *puedes* sonreír!»; y antes o después, el niño sonreirá[55]. La mirada y la sonrisa de los padres, su valiente saludo, es, al mismo tiempo, una infusión de valentía, motivada por la intuición de una capacidad. En este sentido, quien saluda ejerce en el día a día la virtud de

---

55. Cf. G. C. Pagazzi, *Chi ci separera? Senso di abbandono e consolazione*, San Paolo, Cinisello Balsamo 2023, pp. 115-116.

la esperanza, que es otro término para llamar a la valentía, igual que la valentía es el esplendor de la esperanza. «No hay esperanza que no sea valiente»[56]. Al saludar se espera, para nosotros mismos, en un posible vínculo y esperamos que en el otro aumente la valentía de vivir, que vence la apatía inerte y los tediosos pretextos[57]. El saludo es un acto de esperanza y una infusión de esperanza, que, al abrir mente y corazón a un futuro lleno de sentido, cambia radicalmente el modo de concebir la vida, su presente y su fin, e introduce en la historia una energía beneficiosa que tiende a la justicia[58]. Conviene preguntarse

---

56. K. RAHNER, *Il coraggio di credere. La fede tra coraggio, razionalita ed emozione*, San Paolo, Cinisello Balsamo, Milán 2013, p. 22.

57. Lo que apaga el deseo de vivir es lo que Viktor Frankl denomina «vacío existencial»: V. FRANKL, *El sentido de la vida,* Plataforma editorial, Barcelona 2010 [edición digital]; cf. también ID, *El hombre en busca de sentido,* Herder, Barcelona 1991, y D. BRUZZONE, *Ricerca di senso e cura dell'esistenza. Il contributo di Viktor Frankl a una pedagogia fenomenologico-esistenziale*, Erikson, Gardiolo 2007, pp. 29-30.

58. Sobre la energía de la esperanza que transforma el rostro de la historia, remito a las alentadoras páginas de J. MOLTMANN,

cómo es posible que un cristiano crea en el «Dios de la esperanza» (Rom 15,13) y sea tacaño a la hora de saludar.

La esperanza cotidiana inherente a los saludos se ha arraigado en las personas y ha creado pueblos, y se ha convertido en parte de la cultura popular con rasgos característicos de cada formación humana[59]. En todos los pueblos, el saludo introduce y sella, abre y clausura un encuentro, de acuerdo con ritos antiguos y concretos que forman parte de su identidad[60]. Su incumplimiento excluye de los márgenes que cada contexto social se da.

Teología de la esperanza, Sígueme, Salamanca 2006[7], sobre todo pp. 17-44.

59. Entendemos aquí la idea de pueblo y de cultura popular con la profundidad que le confirió Francisco en *Evangelii gaudium. Exhortación apostólica sobre el anuncio del Evangelio en el mundo actual,* nn. 68-75.

60. Las distintas formas de saludo diferencian a los pueblos y las épocas de un mismo pueblo. A modo de ejemplo, basta con la referencia a la forma de saludar en Europa occidental durante la Edad media: cf. H. Fuhrmann, *Uberall ist Mittelalter. Von der Gegenwart einer vergangener Zeit,* C.H. Beck, Munchen 1996, pp. 17-39.

De ahí que una de las primeras tareas de los padres sea enseñar a saludar. En un primer momento todo se desarrolla en la intimidad familiar; posteriormente llega el momento de salir de casa. El padre y la madre saben que saludar a los desconocidos implica la entrada oficial de su hijo en un pueblo y en la familia humana: «Sonríe», «Di hola con la manita». De este modo se celebra el reconocimiento mutuo entre el pequeño y los demás habitantes del mundo.

El conjunto de los saludos de una misma cultura y de todos los pueblos es patrimonio de la humanidad, digno de ser estudiado con atención. Además de las expresiones que hemos mencionado ya, señalo solo cuatro ejemplos más. ¿Qué decir del famoso saludo italiano «Ciao»? Probablemente deriva del véneto *s'ciao,* a su vez procedente del latín *sclavus,* es decir, «esclavo», «siervo». Al saludar de este modo (como ocurre también con el alemán *Servus)* se declara la disponibilidad a servir a aquel con quien nos encontramos: «a tu disposición». Se reconoce en el interlocutor una elegancia digna de solicitud y cuidado. ¿Y el maravilloso saludo español y francés *Encantado, Enchanté*? Literalmente quiere decir: «Estoy encantado ante ti, del esplendor que emanas». De contenido similar es el saludo más difundido en la India, Nepal y en toda la diáspora hindú: *Namasté,* «Me inclino ante ti», como ante algo sagrado. ¿Y los gestos? Junto a los ya mencionados intercambios de miradas, sonrisas, el estrechar o levantar la mano y dar un beso, encontramos –solo a modo de ejemplo– el abrazo o el saludo de los maoríes, que apoyan la frente y la nariz el uno en el otro, como si se estuviesen intercambiando la respiración, el aliento vital[61]. Así también hacer una reverencia o quitarse el sombrero, con lo que se reduce la altura y se honra el prestigio del otro.

En definitiva, saludar es un gesto primigenio, profundo y común a todos los pueblos, un lugar

---

61. Cf. F. Peserico, *Filosofía del saluto, o.c.,* p. 54.

donde brota la humanidad del ser humano. De ahí que cuando se quiere modificar bruscamente la identidad de una persona o de una comunidad se impongan nuevas modalidades de saludo. De ello fue un terrible ejemplo la obligación del saludo fascista en Italia (1925) y del saludo nazi en Alemania (1935). Este último, lamentablemente, es muy emblemático, porque el deseo de salud y de salvación *(Heil)* se hacía «en nombre de Hitler» *(Heil Hitler),* atribuyendo así al *Führer* cualidades divinas[62]. Durante el Covid, las normas que limitaron y modificaron los gestos habituales de saludo, incluida la despedida de los difuntos, si bien tenían como objetivo la higiene y la seguridad, se percibieron como una mutilación del alma y del cuerpo.

En 1977 fueron enviadas al espacio las sondas Voyager 1 y 2, con la esperanza, entre otras cosas, de encontrar vida extraterrestre. Los dos vehículos transportaban un disco revestido de

---

62. T. ALLERT, *Heil Hitler*, Il Mulino, Bolonia 2008, pp. 11-12, 37.

oro en el que se grabó una presentación extremadamente sintética y comprensible de la humanidad terrestre. Junto a imágenes, sonidos de la naturaleza, música, textos literarios y datos científicos, los dos discos, hoy ya fuera del sistema solar, incluían saludos en seis decenas de lenguas (incluido el sumerio, el griego antiguo, el acadio, el hitita y el latín). Y no solo eso: entre las figuras que el posible extraterrestre podría comprender de inmediato había un hombre y una mujer, desnudos, en pie, con expresión pacífica en el rostro; el hombre con la mano levantada en señal de saludo. Como diciendo: «Somos seres vivos que, ante todo, saludamos». Lo primero que hacemos al encontrarnos es saludarnos. También si con quien nos encontramos es un marciano.

6

Llevar saludos

Hay saludos cara a cara y saludos indirectos, a través de otra persona. A esta última se le encarga la tarea de llevar saludos a otra: «Saluda de mi parte a tu mujer», «Saluda de mi parte a tu marido», «Dale saludos de mi parte, hace años que no lo veo»[63]. El encargado tiene la tarea de llenar una distancia más o menos larga. Quizá la lejanía se deba a las circunstancias normales de la vida, o quizá sea la consecuencia de una ruptura que ha provocado la negación del saludo. Cuando pedimos que transmitan nuestros saludos

63. Para este apartado me he inspirado en P. DE BENEDETTI – M. GIULIANI, *Portare il saluto, o.c.,* pp. 21-23.

queremos confirmar una relación estable con quien está lejos, o tratamos de reparar una relación que en ese momento no es capaz de aguantar ni un «Hola» cara a cara. Quien lleva el saludo se encuentra en medio, es el mediador entre dos que no se encuentran; es un «representante», es decir, «hace presente» a un ausente. Se convierte en el protagonista de la acción, pero en realidad es como un actor secundario, dado que la iniciativa de saludar y el contenido del saludo pertenecen a otro. Sin embargo, el resultado de la acción depende en gran parte de él, de su estilo. Puede llevar el saludo de manera distante, convencional o participativa. Pero ni siquiera el compromiso afectivo está desprovisto de sombras: quien lleva el saludo facilita el desarrollo del encargo, pero podría distorsionar el mensaje que se le ha confiado, eliminando aristas que no conviene suavizar en ese momento, o, por el contrario, crispando innecesariamente el tono. El mediador se encuentra en un equilibrio inestable: representa, pero no sustituye, desempeña una función vicaria. Es un intercesor, en el sentido literal del término: alguien que, según la palabra latina *inter-cedere,* «camina en medio» de dos personas, tratando de que entren en contacto. Si media entre dos personas en conflicto, corre el riesgo de disgustar a ambas, que, quizá, se reconciliarán precisamente gracias a su fracaso. Es tan solo un representante, pero él mismo corre un riesgo, cuando decepciona al emisor, o se convierte en blanco de resentimiento del destinatario. Es verdad que transmitir saludos suele ser una acción bastante sencilla, pero no hay que darla nunca por descontada.

El papel del intercesor a través del saludo no se limita al estrecho círculo afectivo, sino que, desde muy antiguo, ha adquirido el peso de un cargo político en las figuras del embajador, el cónsul y el nuncio, portadores de saludos a los gobernantes de los pueblos y naciones. Se trata de un papel que ha caracterizado la historia pasada y presente, hasta tal punto que el orden mundial depende de la red de saludos transmitidos o no, recibidos e intercambiados o no. El primer paso y la continuidad de las relaciones entre naciones son obra del portador de los saludos. La importancia y la complejidad de este entramado es tan universalmente reconocida que ha generado un ceremonial diplomático dotado de reglas precisas y rigurosas, con el fin de garantizar el buen resultado de las operaciones y proteger a quienes participan en ellas: el emisor, el destinatario y el portador del saludo[64]. A lo largo de la historia, la falta de cumplimiento del ceremonial ha tenido consecuencias nefastas; no solo escaramuzas diplomáticas, sino también cruentas guerras. En cualquier caso, el proceso de paz comienza de nuevo con un intercambio de saludos… por medio de un representante.

---

64. Cf. J. Jochen – Th. Rann (eds.), *Zeremoniell als höfische Ästhetik in Spätmittelalter und Früher Neuzeit*, Niemeyer, Tubinga 1995; R. Kauz – G. Rota – J. P. Niederkorn (eds.), *Diplomatisches Zeremoniell in Europa und im Mittleren Osten in der Frühen Neuzeit*, Verlag der Österreichische Akademie der Wissenschaften, Viena 2009.

En Nazaret los protagonistas son Dios y María. Pero es el ángel Gabriel, el portador del saludo, quien trata de acercarlos. Es él quien capta la turbación de la joven y le da explicaciones. La complicada situación del ángel está conmovedoramente representada en el pequeño cuadro de Antonello da Messina: la *Anunciación* (ca. 1475). Se percibe enseguida por un detalle curioso: María aparece retratada de medio busto y ocupa casi todo el cuadro; reacciona ante un saludo, pero quien le da el saludo no está representado, no está pintado en el cuadro. Gabriel es indispensable para la acción, pero permanece fuera de la escena, es un actor que no llega ni a ser secundario. Con una presencia de espíritu delicada e imponente, la hermosísima mujer lo mira, moviendo casi imperceptiblemente los ojos hacia la derecha, y levemente hacia abajo; quizá Gabriel está de rodillas. Con la mano izquierda cierra el velo contra su pecho, protegiéndose de la irrupción del intruso, pero con la mano derecha (que algunos consideran la mano más bella de toda la historia de la pintura) lo interrumpe con regia autoridad y compostura, haciéndolo callar. ¿Qué habrá pensado el ángel en ese instante?, ¿en un fracaso irremediable? ¿Y si se había confundido de tiempo y de maneras y había echado a perder el encuentro? Sinceramente, ante algo así no me gustaría encontrarme en la situación de Gabriel. Si hubiera asustado, molestado, irritado u ofendido a la joven de Nazaret, ¿qué habría pasado?, ¿qué habría dejado de pasar?

No solo los ángeles son portadores de los saludos de Dios, también lo son los apóstoles y todos los evangelizadores. Pablo es muy explícito en este sentido: «Dios [nos ha hecho] a nosotros depositarios de la palabra de la reconciliación. Somos, pues, embajadores de Cristo, como si Dios exhortase por nosotros. En nombre de Cristo os rogamos: reconciliaos con Dios» (2Cor 5,19-20). Y también: «Pedid también por mí, para que Dios ponga en mis labios las palabras adecuadas y anuncie con valentía el plan secreto de Dios, el evangelio, del que soy un embajador encadenado, hablando con valor y como debo hacerlo» (Ef 6,19-20)[65]. ¿El saludo al embajador será devuelto? ¿Será rechazado como una desagradable molestia? ¿Rechazado porque no le viene bien?

65. Sobre el uso del término «embajador» en la literatura paulina, cf. V. P. FURNISH, *II Corinthians*, Doubleday & Company, Garden City - Nueva York 1984, p. 339; F. BIANCHINI, *Seconda Lettera ai Corinzi*, San Paolo, Cinisello Balsamo 2015, pp. 122-123; A. MARTIN, *Lettera agli Efesini*, San Paolo, Cinisello Balsamo 2015, pp. 98-99.

II

EL SALUDO DE DIOS

Inclínate profundamente ante todo hombre
y sé el primero en saludar
y serás mucho más honrado
que los que ofrecen oro de Ofir.

(Isaac de Nínive, *Discursos ascéticos.*
Primera colección, V, 50).

I

Saludaos unos a otros

Tras haber investido a los doce Apóstoles con el terrible poder de expulsar demonios y curar todo tipo de enfermedades y debilidades, Jesús los manda a las ciudades y a los pueblos y les da instrucciones precisas. Por el momento, su actividad está reservada al pueblo de Israel: curar a los enfermos, resucitar a los muertos, anunciar por las calles que el Reino de Dios está cerca[66]. Les dice que no se preocupen por su sustento, porque serán provistos de él. Por eso obran gratuitamente; por otra parte, no hay nada que tengan que no hayan recibido (Mt 10,9-10). Tras

---

66. Sobre la cercanía del Reino de Dios remito a G. C. PA-GAZZI, *Chi ci separerà?, o.c.,* pp. 103-112.

un comienzo tan solemne y extenso, el fuego se reduce, al pensar en la entrada de verdad en una ciudad o un pueblo. Aquí los Doce tendrán que averiguar si hay personas hospitalarias, y se alojarán en su casa. Mientras la calle y los espacios abiertos son los ambientes en los que el Señor evangeliza a la multitud, la casa –en especial según los Evangelios sinópticos– es el lugar de enseñanza reservado a los Doce, el grupo más cercano a Jesús[67].

En realidad, muchas de las parábolas que Jesús narra a la multitud en espacios abiertos se las explica luego en casa a sus discípulos. La casa se convierte en un lugar exclusivo de los amigos íntimos de Cristo. Exclusivo, sí, pero no excluyente, sino inclusivo, porque el grupo que se reúne en casa con el Salvador está destinado a la multitud: a las calles de ciudades y pueblos, a los campos. La casa es como la sístole del corazón, que precede a la diástole; como el repliegue del cuerpo del atleta en la

---

67. Cf. ID, *Sentirsi a casa, o.c.,* pp. 84-85.

línea de salida antes del impulso. La casa es el lugar en el que el Evangelio se hace carne, porque los sentimientos, sentidos, necesidades y deseos, personas, cosas, espacios y tiempos, generaciones, novedades y costumbres encienden el cuerpo y el alma y mantienen su combustión[68]. Por eso, cuando los Apóstoles llegaban a una ciudad o un pueblo, debían comenzar en una casa.

Pues bien, cuando se entra en una casa, lo primero que hay que hacer es saludar, y ser los primeros en saludar: «Cuando entréis en la casa, saludadla» (Mt 10,12), que equivale a decir: «desead *shalom»,* salud, felicidad, paz. La indicación de la casa como el lugar más adecuado para los primeros saludos –por otra parte, desde el comienzo de nuestra vida se nos saluda en casa– es todavía más explícita en la versión que ofrece Lucas de las instrucciones de Jesús: «Cuando entréis en una casa, decid primero: "Paz a esta casa". Si allí vive gente

---

68. *Ib.,* pp. 31-49.

de paz, vuestra paz reposará sobre ellos; si no, se volverá a vosotros» (Lc 10,5-6)[69]. De todos modos, Cristo no teme que los Apóstoles sean maleducados y, por tanto, necesiten aprender buenas maneras. Más bien, su mandato ve en el saludo la semilla de la evangelización. No es posible evangelizar sin saludar, dado que en ese gesto está la gramática elemental y el vocabulario esencial del Evangelio. Esta afirmación no parece ser un debilitamiento de la especificidad cristiana, la evanescencia de la singularidad de Cristo, un plano inclinado hacia una religión débil, confusa e intercambiable con cualquier otra. En realidad, es exactamente lo contrario. En este gesto común a todas las personas (cristianas y no cristianas, religiosas

---

69. Cf. J. A. Fitzmyer, *The Gospel According to Luke (X-XXIV)*, Doubleday, Garden City - Nueva York 1985, p. 847; según Fitzmeyer, la orden de no saludar por la calle podía estar haciendo referencia a la urgencia de la misión, y a su consiguiente necesidad de no perderse en convencionalismos; o quizá quería hacer hincapié en que los saludos (al igual que toda la misión) debían reservarse a la casa de Israel; lo cierto es que la fórmula lucana de saludar a la casa es más semítica que su paralelo Mt 10,12.

y no religiosas), el Padre se ha reservado un «resto» siempre fiel a él, fiel a él en cualquier caso. Un resto oculto y no imaginado, como los siete mil israelitas que permanecieron fieles a Dios, cuya existencia el profeta Elías ni siquiera conocía, pues estaba convencido de ser el único que había permanecido fiel al Señor (1Re 19,9-18).

En los saludos se encuentra un resto del Evangelio que brilla en todo «Hola» y «Adiós». Está oculto, bajo cubierta, y por tanto a salvo de ser plenamente advertido y al resguardo del consenso deliberado, cosas que a menudo llegan a arruinar las cosas más bellas. Si recurrimos al lenguaje clásico de la teología de los sacramentos, podríamos afirmar que, tras hacer las distinciones necesarias, el *resto* evangélico de los saludos es tan eficaz que actúa *ex opere operato,* es decir, *por el hecho mismo de realizarse*, independientemente de la intención de quien lo hace. Al ordenar que ellos saluden primero, Cristo enseña a los Apóstoles a anunciar el Reino de Dios comenzando con este gesto, el más apropiado, evocando el «resto» evangélico velado, pero fielmente activo hasta en la bienvenida y la despedida más descuidadas, formales y apresuradas. A los ojos de Cristo, en el saludo se condensa tanto Evangelio que es pecado malgastarlo, reduciéndolo a una táctica de vanagloria, como hacen «los escribas a los que les gusta [...] ser saludados en las plazas» (Mc 12,38), o incluso falsificarlo incluyéndolo en una trampa con el fin de traicionar: «Judas, ¿con un beso entregas al hijo del hombre?» (Lc 22,48), o incluso abusar de él como motivo de burla, como hicieron los soldados romanos para humillar al Señor: «¡Salve, rey de los judíos!» (Mc 15,18).

Como gesto inicial del evangelizador y del testimonio de Cristo, el saludo es asumido por el apóstol Pablo y los textos cristianos más antiguos. No hay ninguna carta paulina que no comience con un saludo[70]. En la redacción de

---

70. 1Tes 1,1; 2Tes 1,2; 1Cor 1,3; 2Cor 1,2; Gal 1,3-5; Rom 1,7; Flm 3; Flp 1,2; Col 1,2; Ef 1,2; 1Tim 1,2; Tit 1,4; 2Tim 1,2.

sus cartas, Pablo respeta el esquema clásico de moda en ese momento, y comienza sus escritos con los saludos mencionando al emisor y al destinatario. Pero se muestra original e independiente respecto al modelo antiguo, por ejemplo, combinándolo con un típico saludo griego: «gracia», con otro de matriz judía: «Os deseo la gracia y la paz de Dios, nuestro Padre» (Rom 1,7)[71]. En realidad, los saludos no son de Pablo, sino de Dios Padre y de Cristo: «Os deseo la gracia y la paz de Dios, nuestro Padre, y de Jesucristo, el Señor» (2Cor 1,2). De manera que el Apóstol se presenta a los destinatarios de la carta como portador de saludos y presenta al Padre y a Cristo, ante todo, como personas que saludan. Por último, la frecuente referencia del saludo a Dios confiere a este gesto un matiz litúrgico, y lo convierte en una especie de bendición. A excepción de la Carta a los Hebreos y la primera Carta de Juan, todas

---

71. Cf. A. Pitta – F. Filannino – A. Landi, *Sinossi paolina bilingue*, San Paolo, Cinisello Balsamo 2012, pp. 8-9.

las cartas del Nuevo Testamento comienzan con saludos. Incluyendo la que se envía a las comunidades de Antioquía, Siria y Cilicia al final del denominado Concilio de Jerusalén, que se menciona en los Hechos de los Apóstoles (Hch 15,23).

Los saludos abren las cartas paulinas y las despedidas las concluyen[72]. También en este caso el Apóstol retoma con libertad el modelo clásico. Porque mientras este último contempla una despedida más bien apresurada, Pablo se detiene con gusto, y a menudo informa incluso de los nombres de quienes desea que sean saludados personalmente[73]. En este sentido impresiona la despedida de la Carta a los romanos, con la que el Apóstol prepara su viaje a la capital del imperio: se menciona a veintisiete personas a las que los portadores

---

72. 1Tes 5,26; 1Cor 16,19-20; 2Cor 13,12; Rom 16,3-16.21-23; Flp 4,19-20; Col 4,17; Ef 6,23; 1Tim 6,20-21a; Tit 3,12-14.15a; 2Tim 4,13.19-21; Flm 23-24; Col 4,10-15.

73. Cf. A. Pitta – F. Filannino – A. Landi, *Sinossi paolina bilingue, o.c.,* pp. 416-417.

de la carta deben llevar sus saludos, y repite dieciséis veces el imperativo «Saludad». Se trata del elenco de saludos más largo de toda la historia epistolar antigua hasta hoy[74]. En la misma carta, Pablo saluda a las Iglesias domésticas repartidas por los diferentes barrios de Roma. También así, por medio de un escrito, obedece al mandato de Jesús: entrad en las casas y saludad. Pablo es portador de los saludos de Dios, saluda, pide que transmitan sus saludos e invita a los cristianos a saludarse con un beso, como si saludarse afectuosamente fuera una señal distintiva de los discípulos del Salvador: «Saludaos unos a otros con el abrazo de la paz. Os saludan todas las Iglesias de Cristo» (Rom 16,16; 1Cor 16,20; 2Cor 13,12; 1Tes 5,26). De ahí que toda celebración litúrgica cristiana comience con la bienvenida

---

74. Cf. G. PULCINELLI, *Lettera ai Romani*, San Paolo, Cinisello Balsamo 2014, 212; cf. también J. A. FITZMYER, *Romans,* Doubleday, Nueva York – Londres – Toronto – Sídney – Auckland 1993, p. 374, y A. PITTA, *Lettera ai Romani*, Paoline, Milán 2001, p. 517.

del ministro y termine con su despedida, a menudo recurriendo a las mismas palabras de los saludos neotestamentarios.

La primera oportunidad de ser misioneros del Reino de Dios, hombres y mujeres «en salida», como le gusta decir al papa Francisco[75], es saludar los primeros y saludarse mutuamente, al menos con el gesto de una sonrisa… en casa, en la calle, en el trabajo, en las vacaciones, en la iglesia, en el tren… Es más que nunca urgente –al menos en Occidente– volver a acostumbrarse a saludar. El resto evangélico contenido en este gesto está al alcance de todos, todos los días.

También Juan, el profeta del Apocalipsis, se postula junto a las comunidades cristianas asiáticas como el portador de los saludos de parte de «El que es, el que era y el que vendrá», de «Jesús el testigo fiel, el primogénito de entre los muertos y el rey de los reyes de la tierra» y de «los siete espíritus que están delante de

---

75. Francisco, *Evangelii gaudium*, nn. 20-24.

su trono» (Ap 1,4-5)[76]. La gran solemnidad con la que se nombra al Padre, a Cristo y al Espíritu nos deja sin aliento. Pero lo recuperamos cuando pensamos que Aquel que es, era y vendrá, el rey de los reyes de la tierra y el Espíritu Santo saludan... y son los primeros en saludar. El Apocalipsis comienza saludando y termina, con él toda la Biblia, con un saludo y un deseo: «La gracia de Jesús, el Señor, esté con todos» (Ap 22,21). Los libros tan diferentes, los personajes y los siglos, la creación de todas las cosas, el pecado de la primera pareja, los Patriarcas, la salida de Egipto y la entrada en la tierra prometida, el triste exilio y el deseado retorno, cantos de amor y de guerra, santidad e injusticia, vidas y muertes, las profecías, la larga espera del Mesías, los renglones rectos y los torcidos, las oraciones, las alabanzas, los lamentos y suspiros, la historia del Salvador

---

76. Los «siete Espíritus» quizá estén haciendo referencia a la poderosa plenitud del Espíritu; cf. C. Doglio, *Apocalisse,* San Paolo, Cinisello Balsamo 2012, p. 37; sobre la analogía con los saludos paulinos, cf. pp. 36 y 203.

del mundo, contada cuatro veces, las experiencias de los primeros cristianos. Todo lo que las Sagradas Escrituras custodian se condensa en la última frase del Apocalipsis, con la que la Biblia saluda al lector y a todos los pueblos de la tierra. Las Sagradas Escrituras se resumen en un saludo, por medio del cual se desea Cristo a todos.

2

«Se echó al cuello de su hijo
y lo cubrió de besos»

Hambriento, solo, disputándose con los cerdos algo de comer, el joven, que había dilapidado de golpe la herencia paterna, recibida antes de tiempo, se acuerda de su acaudalado padre e idea una estrategia para acercarse de nuevo a él. Regresará junto a su padre, le confesará con un concreto argumento su culpa y se infligirá el castigo que merece: «Padre, he pecado contra el cielo y contra ti. Ya no soy digno de llamarme hijo tuyo: tenme como a uno de tus jornaleros» (Lc 15,18-19). Palabras perfectas, sin ningún error. Pero cuando se encuentra ante él, su perorata teológica, su cantinela mística, se ve interrumpida por la impetuosidad de su padre, que, tras correr hacia él para acortar la distancia, se «echó a su cuello» y «lo cubrió de besos» (Lc 15,20). Ambos se encuentran después de quién sabe cuánto tiempo; se acercan desde quién sabe cuánta distancia. En ese cautivador momento, el hijo se acusa, con un riguroso razonamiento, mientras su padre lo saluda calurosamente, para recuperar el tiempo perdido. Sobre las palabras, muy lúcidas, del hijo irrumpe, cortante, el movimiento primero del padre, que, protestando contra la consciencia despertada de su hijo, crea algo nuevo, y va directo al grano, con la onda expansiva de quien saluda primero. La misericordia de Dios no se da por vencida en la mujer que limpia la casa buscando la moneda perdida; es amable en el pastor que dedica mayores esfuerzos a la oveja perdida y encontrada; crece, estalla en el primer saludo a ese hijo sin decencia (Lc 15). ¿Quién diría que la misericordia se abre camino en un saludo, entreabriendo la puerta del misterio de Dios?

El misterio de Dios revelado por el Salvador del mundo se define con una expresión inimaginada e inaudita: «Dios es amor» (1Jn 4,8.16). En la primera Carta de Juan, la palabra griega que traducimos como «amor» es *agape,* que deriva de *agapan,* amar[77]. Pero ¿qué significado tienen el *agapan*/amar y el *agape*/amor? Es una cuestión crucial, porque si Dios es amor, según cómo entendamos *agapan*/amar así imaginaremos a Dios, su acción y el contenido del primero y más importante de todos los mandamientos: amar a Dios y amar al prójimo. Es una operación muy compleja y requiere prudencia, porque el griego, como toda lengua, tiene una historia caracterizada por mezclarse con otras lenguas y diferentes ambientes culturales que han modificado y desarrollado el significado primigenio de las palabras. Volver a la

---

77. Me baso en las conclusiones del cuidadoso, inteligente y erudito artículo de C. Doglio, *La scelta di dire* agapē. *Figure linguistiche dell'originario evento cristiano*, en P. Sequeri (ed.), *Esteriorita di Dio. La fede nell'epoca della «perdita del mondo»*, Glossa, Milán 2010, pp. 69-106. Recomiendo la lectura integral de todo el artículo.

fuente de un término es esencial para comprobar si las fases de su evolución han conservado su significado original o lo han transformado hasta llegar a traicionarlo.

Ahora bien, sorprende que el significado más antiguo de *agapan*/amar no sea «entregar», «servir», «perdonar», «ayudar», «sacrificarse»…, acciones que nos resulta fácil relacionar con el amor evangélico, sino que indica, más bien, «saludar, abrazar, tratar con el homenaje debido», y este «homenaje» incluye el «placer» íntimo que se da por medio del lenguaje sexual[78]. Este verbo se utiliza también para aludir a la despedida de los difuntos en las honras fúnebres; a los difuntos se les ama saludándolos[79]. Algunos expertos han tratado de rastrear el origen del verbo griego, identificando su raíz más profunda en el indoeuropeo *ghabh* y en el sánscrito *ghabhasti,* que significa «mano», «presuponiendo como significado primitivo el

78. C. DOGLIO, *La scelta di dire* agapē, *o.c.,* p. 89.
79. *Ib.*

de "saludar amablemente", según la antiquísima costumbre, de la que ya hay testimonio en los poemas homéricos [...], de estrechar la mano en señal de amistad»[80]. En definitiva, tras los términos «amar» y «amor» habría un saludo que –antes incluso de «dar», «ayudar», «perdonar»...– *reconoce* en el otro una presencia tan interesante y encantadora que requiere una demostración valiente, a cualquier precio: Encantado, *Enchanté!*

El padre amó al hijo disoluto no porque lo perdonara y lo llenara de regalos (¡esto es consecuencia de ello!), sino porque, ante todo, lo saludó, reconociéndolo como honorable y digno de estima; encantador, a pesar de todo. Al saludar al hijo es como si estuviera diciendo: «Has hecho todo lo posible para convencerme de que creyera en tu indecencia. ¡Pero no lo has conseguido!». Si saludar es el timbre de todos los sonidos del amor, lo cambia todo. Porque

---

80. *Ib.* p. 90 y A. Carnoy, *Dictionnaire étimologique du Proto-Indo-Europeen*, Publications universitaires – Institut orientaliste, Lovaina 1955, p. 3.

si al «dar», «perdonar», «servir», «ayudar» les faltase la entonación del saludo, serían notas desafinadas, porque no habrían nacido de la estima por el otro, de su encanto a pesar de todo, sino del afán por conseguir un favor de alguien a quien, en el fondo, consideramos inferior y subalterno. Gestos similares nacerían del miedo y de la soberbia, no de la valentía. Dios saluda, y saluda el primero, porque su generosidad y su perdón tienen la firme elegancia y la sólida amabilidad del amor.

Si saludar es el punto de partida del amor, su inicio y su gloria, ¿será posible creer que «Dios es amor» y esperar siempre de los demás el primer gesto de saludo?

3

Buenas tardes

De tal palo tal astilla. La semejanza de Cristo con el Padre se vislumbra también en este detalle: también él saluda primero. Al comienzo de sus cartas, san Pablo lo da por descontado: «Os deseo la gracia y la paz de Dios, nuestro Padre, y de Jesucristo, el Señor» (2Cor 1,2). En cambio, los Evangelios hacen de él objeto de una narración distendida e insistente, narrando el acontecimiento más importante que jamás relataron, el acontecimiento sin el cual ni siquiera habrían sido escritos: la Resurrección del Señor. En su encuentro con las mujeres que regresaban del sepulcro vacío, el Resucitado se vuelve hacia ellas y les dice, antes de nada: «Alegraos» (Mt 28,9). En el original griego se emplea el mismo verbo que Gabriel utilizó para saludar a María, una expresión muy difundida y habitual en la época, como decir «¡Buenos días!»[81]. De acuerdo con el Evangelio de Lucas, el día de Pascua, por la noche, mientras en Jerusalén los Once escuchaban el relato de los dos discípulos de Emaús, Jesús apareció en medio de ellos. Lo primero que hizo fue exclamar: «¡La paz esté con vosotros!» (Lc 24,36), es decir, *shalom,* el típico saludo hebreo[82]. También el Evangelio de Juan cuenta que, la noche de Pascua, el Señor entró en la casa donde estaban los discípulos, que tenía las puertas bien cerradas. Antes incluso de mostrar las manos y el costado con las señales de la Pasión, el Salvador del mundo saludó: «¡La paz esté con vosotros!»

---

81. J. A. Fitzmyer, *The Gospel According to Luke (I-X), o.c.,* p. 344.

82. Cf. W. Foester, «εἰρήνη», en G. Kittel – G. Friedrich (eds.), *Grande lessico del Nuovo Testamento*, III, Paideia, Brescia, 1967, pp. 207-239, 219-220.

(Jn 20,19), respetando la norma que él mismo dio a sus Apóstoles: «Paz a esta casa» (Lc 10,5). Lo mismo hizo ocho días después, antes de invitar a Tomás a meter el dedo en su costado.

Al comentar este párrafo, algunos expertos afirman que, «obviamente», dado el solemne contexto, no podía tratarse de un simple saludo, sino del don de la paz mesiánica[83]. Conviene preguntarse por qué un simple saludo, este gesto tan importante y cargado de Evangelio, no puede estar a la altura del momento. El final de la relación de los discípulos con el Maestro fue indecoroso, a pesar de las grandilocuentes promesas de fidelidad: cuando él más necesitaba su cercanía, lo traicionaron, lo abandonaron, negando incluso que lo conocían. Al mostrarse ante ellos vencedor de la batalla más dura que existe, lo lógico es que Cristo esperara (¡y

83. R. E. Brown, *The Gospel according to John (XIII-XXII)*, Doubleday & Company, Garden City – Nueva York 1970, 1021; e R. Infante, *Giovanni*, San Paolo, Cinisello Balsamo 2015, p. 456.

exigiera!) el saludo obsequioso y tembloroso de aquellos mezquinos. Les tocaba a ellos inclinarse. Y, sin embargo, fue él quien los saludó primero, garantizando, precisamente con ese primer gesto, que su relación seguía siendo firme a pesar de su brusca ruptura. Comenzar de nuevo a saludar es el primer paso, el gesto primordial para restablecer una relación que se creía perdida para siempre. Y quien lo hace es el Resucitado. Por eso «él es nuestra paz» (Ef 2,14), «él es nuestro *shalom»,* «él es nuestro saludo» y buenos deseos.

Hace unos diez años el mundo sonrió ante las primeras palabras que pronunció el recién elegido papa Francisco: «Hermanos y hermanas, buenas tardes». Un gesto sencillo, repleto de sentido y de esperanza, capaz de reunir en una plaza a toda la humanidad, cristianos y no cristianos, creyentes y no creyentes. Un saludo poco habitual, pero solo en apariencia. No era tan novedoso. En realidad, una tarde de hace unos dos mil años, un judío fue al encuentro de sus amigos. Sin que ellos lo esperaran, entró en la casa y saludó como hacen todos los judíos: *Shalom!* Por la hora que era, fue como si hubiese dicho: «La paz esté con vosotros», «¡Buenas tardes!» (Jn 20,19). Aquel judío acababa de resucitar de entre los muertos. Sin duda, ¡aquella tarde fue muy buena!

Bibliografía

Allert T., *Heil Hitler*, Il Mulino, Bolonia 2008.

Aristóteles, *Poética*, Gredos, Madrid 2020.

Austin J. L., *Come fare cose con le parole*, Marietti 1820, Génova 2022.

Bernardus Claraeuallensis, *Homiliae super «Missus est» (In laudibus Uirginis Matris)*, s. 12 p.c., en J. Leclercq - H. M. Rochais (eds.), *Bernardi opera* 4, Editiones Cistercienses, Roma 1966, pp. 12-58.

Berne E., *«Ciao!»... E poi? La psicologia del destino umano*, Bompiani, Florencia - Milán 2022.

Bianchini F., *Seconda Lettera ai Corinzi*, San Paolo, Cinisello Balsamo 2015.

Bowlby J., *Cure materne e salute mentale del bambino,* Giunti, Florencia - Milán 2012.

BORGHI E., *Gesu e nato a Betlemme? I vangeli dell'infanzia tra storia, fede e testimonianza*, Cittadella, Asís 2011.

BROWN R. E., *El nacimiento del Mesías,* Cristiandad, Madrid 2021.
–, *The Gospel according to John (XIIIXXII)*, Doubleday & Company, Garden City– Nueva York 1970.

BRUZZONE D., *Ricerca di senso e cura dell'esistenza. Il contributo di Viktor Frankl a una pedagogia fenomenologico-esistenziale*, Erikson, Gardiolo 2007.

CARNOY A., *Dictionnaire étymologique du Proto-Indo-Europeen*, Publications universitaires - Institut orientaliste, Lovaina 1955.

COLERIDGE M., *The Birth of the Lukan Narrative. Narrative Christology in Luke 1-2*, Sheffield Academic Press, Sheffield 1993.

CONFERENCIA EPISCOPAL ESPAÑOLA, *Ritual de Exequias*, Libros Litúrgicos, Madrid 2023.

CORTELLAZZO M. – ZOLLI P., *Dizionario etimologico della lingua italiana*, 1 / A-C, Zanichelli, Bolonia 1998.

DANTE ALIGHIERI, *La Divina Commedia*, edición de N. Sapegno, La Nuova Italia, Florencia 1977-1978.

–, *Vita Nova*, edición de L. C. Rossi, Mondadori, Milán 2022.

DE BARTILLAT C., *Il sorriso. Sorrisi di dei, sorrisi diuomini*, Angelo Colla, Costabissara 2009.

DE BENEDETTI P. - GIULIANI M., *Portare il saluto. I significati dello* shalom, Morcelliana, Brescia 2012.

DERRIDA J., *Addio a Emmanuel Levinas*, JacaBook, Milán 2021.

DOGLIO C., *Apocalisse*, San Paolo, Cinisello Balsamo 2012.

–, *La scelta di dire* agapē. *Figure linguistiche dell'originario evento cristiano*, en P. SEQUERI (ed.), *Esteriorita di Dio. La fede nell'epoca della «perdita del mondo»*, Glossa, Milán 2010, pp. 69-106.

FITZMYER J. A., *The Gospel According to Luke (I-X)*, Doubleday, Garden City - Nueva York 1981.

–, *The Gospel According to Luke (X-XXIV)*, Doubleday, Garden City - Nueva York 1985.

–, *Romans*, Doubleday, Nueva York -Londres - Toronto - Sydney - Auckland 1993.

FLEURY C., *La fin du courage*, Fayard, París 2010.

FOESTER W., «εἰρήνη», en G. KITTEL - G. FRIEDRICH (eds.), *Grande lessico del Nuovo Testamento* III, Paideia, Brescia, 1967, pp. 207-239.

FRANCISCO, *Evangelii gaudium. Exhortación apostólica sobre el anuncio del Evangelio en el mundo actual,* 2013.

FRANKL V., El *sentido de la vida,* Plataforma editorial, Barcelona 2010.
–, *El hombre en busca de sentido,* Herder, Barcelona 2015.

FUHRMANN H., *Uberall ist Mittelalter. Von der Gegenwart einer vergangener Zeit*, C. H. Beck, Munchen 1996.

FURNISH V. P., *II Corinthians,* Doubleday &Company, Garden City - Nueva York 1984.

INFANTE R., *Giovanni*, San Paolo, Cinisello Balsamo 2015.

JANKELEVITCH V., *L'avventura, la noia, la serieta*, Marietti - Lampi di stampa, Turín - Milán 2022.
–, *Les vertus et l'amour. Traite des vertus*, II, volume 1, Flammarion, París 1986.

Jochen J. – Rann Th. (eds.), *Zeremoniell alshofische Ästhetik in Spätmittelalter und Früher Neuzeit*, Niemeyer, Tubinga 1995.

Jousse M., *Dal mimismo alla musica nel bambino*, en A. Colimberti (ed.), *Ecologia della musica. Saggi sul pensiero sonoro*, Donzelli, Roma 2004.
–, *L'antropologia del gesto*, I, Edizioni Paoline, Roma 1979.
–, *Le parlant, la parole et le souffle*, Anthropologie du gest III, Gallimard, París 1978.

Kauz R. – Rota G. – Niederkorn J. P. (eds.), *Diplomatisches Zeremoniell in Europa und im Mittleren Osten in der Frühen Neuzeit*, Verlag der Österreichische Akademie der Wissenschaften, Viena 2009.

Laurentin R., *Structure et théologie de Luc I-II*, Gabalda, París 1957.

Legrand L., *L'annonce à Marie (Lc 1,26-38). Une apocalypse aux origines de l'Évangile*, Cerf, París 1981.

Lyonnet S., «*Chaire kecharitōmenē*», en *Biblica* 20 (1939), pp. 131-141.

Marion J.-L., *Prolégomènes à la charité*, Grasset, París 2018.

Martin A., *Lettera agli Efesini*, San Paolo, Cinisello Balsamo 2015.

Mauss M., *Teoria generale della magia e altri scritti*, Einaudi, Turín 1965.

Miller H., *Il sorriso ai piedi della scala*, Feltrinelli, Milán 2016.

Moltmann J., *Teología de la esperanza,* Sígueme, Salamanca 2006[7].

Montale E., *Ossi di seppia*, Mondadori, Milán 2016.

Morris D., *L'uomo e i suoi gesti. L'osservazione del comportamento umano*, Mondadori, Milán 1992.

Ortega y Gasset J., *El hombre y la gente,* Alianza, Madrid 2023.

Ottone R., *La chiave del castello. L'interesse teologico dell'empatia di Gesu*, EDB, Bolonia 2019.

PAGAZZI G. C., *Chi ci separerà? Senso di abbandono e consolazione*, San Paolo, Cinisello Balsamo 2023.

–, *Fatte a mano. L'affetto di Cristo perle cose*, EDB, Bolonia 2013.

–, *In pace mi corico. Il sonno e la fede*, San Paolo, Cinisello Balsamo 2021.

–, *In principio era il Legame. Sensi e bisogni per dire Gesu*, Cittadella, Asís 2004.

–, *Sentirsi a casa. Abitare il mondo dafigli*, EDB, Bolonia 2010.

PAREYSON L., *Filosofia della liberta*, Il Melangolo, Génova 1990.

PESERICO F., *Filosofia del saluto*, Aracne, Canterano 2020.

PITTA A., *Lettera ai Romani*, Paoline, Milán 2001.

PITTA A. – FILANNINO F. – LANDI A., *Sinossi paolina bilingue*, San Paolo, Cinisello Balsamo 2012.

PULCINELLI G., *Lettera ai Romani*, San Paolo, Cinisello Balsamo 2014.

RAHNER K., *Il coraggio di credere. La fede tra coraggio, razionalità ed emozione*, San Paolo, Cinisello Balsamo 2013.

RICHIR M., *Variations sur le sublime et le soi*, Millon, Grenoble 2010.

SONNET J.-P., *Generare e narrare*, Vita e Pensiero, Milán 2014.

STENDBACH F.J., שלום *šālom*, en G. BOTTERWECK – H.-J. FABRY – H. RINGGREN, *Grande Lessico dell'Antico Testamento*, VIII, Paideia, Brescia 2009, pp. 318-359.

TILLICH P., *Che cos'è il coraggio?*, Fazi, Roma 2015.

Índice onomástico

Índice general